Aurélie Bellacicco
Sarah Lachhab

ÉCOSSE

AVOINE, HAGGIS & CRANACHAN

60 RECETTES
ET AUTRES EXPLORATIONS
DU GARDE-MANGER ÉCOSSAIS

Éditions
de La Martinière

L'Écosse sur la table

« Nous ne nous attendions pas à manger aussi bien en venant en Écosse. »

Cette phrase, souvent lâchée timidement par des voyageurs conquis, permet de réaliser à quel point les clichés qui entourent la gastronomie écossaise et britannique sont bien ancrés. Pourtant, ceux qui viennent en pensant se coltiner des fadeurs pendant tout un séjour sont de moins en moins nombreux. De plus en plus de gens veulent découvrir l'Écosse à travers sa culture culinaire. Et ils ont raison : les produits naturels de l'Écosse sont d'une qualité incroyable. Ses fruits de mer s'arrachent dans toute l'Europe, son agneau est servi aux meilleures tables des grandes capitales, ses fromages sont discrets mais puissants, ses nuances de caramel parlent à tous les cœurs et ses fruits rouges mettent simplement tout le monde d'accord.

S'attaquer à un sujet aussi vaste que celui de la gastronomie écossaise, avec nos yeux de Françaises installées en Écosse, était un sacré sac de nœuds. De nombreux écueils nous attendaient : celui, tentant, des clichés sirupeux mais dangereux du tout-tartan sur fond de cornemuse. Ou bien l'éternel débat des origines : à ceux qui nous diront que le haggis était tout autant mangé en Angleterre qu'en Écosse, nous répondrons que si les Écossais n'ont en effet pas inventé la conservation des abats dans une panse d'animal, ils ont su s'approprier cette recette, où les pièces de viande délaissées des fines bouches sont mises à l'honneur, en toute simplicité, dans un plat indescriptible. Plus encore, ils ont créé un rituel autour d'une recette connue de tous.

Des spécialités vivantes et évolutives

Notre principale mission, dans la création de cet ouvrage, a été d'adapter des classiques écossais aux garde-manger francophones. De se plonger dans des recettes du XVIIIe siècle comme dans celles de nos voisins de palier pour en extraire l'essence et vous permettre de recréer, chez vous, les saveurs de l'Écosse d'aujourd'hui. Notre postulat de départ est simple : nous voulons vous offrir des recettes authentiques – et parfois, avouons-le, augmentées d'une petite touche créative – doublées d'histoires et d'anecdotes qui vous permettront de comprendre, à chaque page, un nouvel aspect de la culture écossaise. Ces histoires ont été dûment étudiées, sélectionnées, polies et assaisonnées pour ajouter quelques touches de couleur dans la fresque foisonnante de la gastronomie écossaise.

Vous tenez entre vos mains le premier ouvrage en français consacré à la culture culinaire écossaise. Il était temps qu'un tel livre trouve sa place dans votre cuisine et nous souhaitons qu'il vous ouvre de nouvelles portes, celles des souvenirs ou de la découverte, vers notre Écosse bien-aimée.

Sommaire

L'ÉCOSSE
et ses régions gourmandes

Si de nombreuses spécialités se trouvent dans toute l'Écosse, comme le haggis, les shortbreads ou le tablet, voici quelques produits et plats très locaux que l'on vous encourage à goûter quand vous irez vous y promener.

1
Dundee
LE DUNDEE CAKE
Un savoureux gâteau aux fruits secs, à l'orange, avec sa petite touche de whisky. Vous pouvez l'admirer en couverture de ce livre et en découvrir la recette en p. 142 !

2
Sud Fife
L'ANSTER
La famille Stewart produit du fromage dans la région du Fife depuis 2008. L'Anster (le surnom donné à la commune d'Anstruther) est l'un de leurs plus beaux produits. Il s'agit d'un fromage au lait de vache, affiné pendant environ huit semaines.

3
Arbroath
LES ARBROATH SMOKIES
Les Arbroath smokies, spécialité de la petite ville d'Arbroath, mais originaires du village voisin d'Auchmithie, sont des filets d'églefin salés puis fumés sur des tonneaux de whisky. Cette technique ancienne remonte au début du XIXe siècle, et elle plaît toujours autant !

4
Aberdeenshire
LES BUTTERIES
Casse-croûte favori des habitants de l'Aberdeenshire, les butteries sont des pâtisseries feuilletées parfaites pour le goûter (recette p. 30).

5
Moray
LA SOUPE CULLEN SKINK
Sans doute la soupe écossaise la plus célèbre ! Cullen est un village de pêcheurs, adorable à visiter. Tous les ans, on y fait un concours de la meilleure soupe (recette p. 48) !

6
Île de Harris & Lewis
LE STORNOWAY BLACK PUDDING
Célèbre dans tout le pays, le boudin noir de Stornoway se retrouve surtout au petit déjeuner (voir p. 20), en tranches ! Son appellation est aujourd'hui protégée.

7
Angus
LE BŒUF ANGUS
Célèbre dans le monde entier, le bœuf Angus est traditionnellement élevé uniquement à l'herbe. Si votre boucher en a, essayez-le dans notre recette de la steak and ale pie (p. 72) !

8
Archipel des Orcades
LES BANNOCKS
Ces petits pains tout simples sont faits à base de farine d'orge – idéalement, de la farine d'orge d'hiver des Orcades. Ils sont tout simplement cuits à la poêle et dégustés sur le pouce !

9
Lanarkshire
LE FROMAGE BLEU
Ce fromage bleu, proche du roquefort, est fait à partir de lait de brebis dans le Lanarkshire, non loin de Glasgow.

10
Argyll
LES HUÎTRES DU LOCH FYNE
Si les huîtres sont élevées dans de nombreux lochs écossais, celles du loch Fyne sont connues dans tout le pays, grâce à une société d'élevage qui a lancé son propre restaurant. Les huîtres sauvages ont été surpêchées dans toute l'Écosse – au XVIIIe siècle, c'était un mets très commun, et aujourd'hui, on n'en trouve presque plus. Pour les goûter, direction loch Ryan, dans le sud-ouest du pays.

11
Glasgow
LES TUNNOCK'S TEACAKES
Les fameux Tunnock's teacakes, disponibles dans tous les supermarchés, sont inratables grâce à leur emballage coloré. À l'intérieur : une mousse aux œufs déposée sur un shortbread et recouverte de chocolat.

12
Falkirk
LE IRN BRU
Dans presque tous les pays du monde, le soda le plus bu est décoré d'une étiquette rouge et blanche. Il s'agit bien sûr de Coca-Cola®. En Écosse, la bouteille la plus vendue est orange électrique et bleue et la boisson qu'elle contient est presque fluorescente et beaucoup disent qu'il faut y goûter jeune pour apprécier. Inventé à Falkirk, entre Glasgow et Édimbourg, le Irn Bru, parfois surnommé « l'autre boisson nationale de l'Écosse » est aujourd'hui trouvable dans le monde entier.

13
Borders
LES SOOR PLOOMS
Ces bonbons verts, originaires de Galashiels, très acides, sont l'une des spécialités des Borders. Leur nom signifie d'ailleurs « prunes acides » et rappellerait, selon la légende, une dispute entre Anglais et Écossais à propos d'un champ de prunes.

14
Shetland
SHETLAND BLACK
Dans l'archipel des Shetland, on trouve une variété de pommes de terre très intéressante : les Shetland Black. Ces pommes de terre ont une peau violacée très foncée et une ligne violette dans leur chair. On peut les trouver sur les marchés shetlandais. Aujourd'hui, cette variété est une espèce locale à protéger.

Donner de la place aux PRODUITS LOCAUX

La gastronomie écossaise a connu une évolution fulgurante ces dernières décennies, mettant les produits locaux à l'honneur.

On donne la parole à trois femmes qui portent un regard érudit sur la question : Catherine Brown, autrice de nombreux livres sur l'histoire de la cuisine écossaise ; Sue Lawrence, gagnante de l'émission MasterChef en 1991 et autrice de plusieurs livres de recettes – et de polars ! – ; et Fiona Richmond, responsable régionale au sein de l'organisme Scotland Food & Drink.

Une redécouverte des produits locaux

Lorsque Sue Lawrence est sacrée championne de l'émission MasterChef en 1991, la scène culinaire écossaise a déjà pris un tournant radical. « Ça a pris du temps mais, dès la fin des années 1980, les produits écossais ont été mis à l'honneur. Jusque-là, nos produits étaient surtout exportés, comme les fruits de mer, personne n'en voulait, ici. Avec l'avènement des émissions culinaires et des restaurants haut de gamme, les Écossais ont commencé à vouloir plus que les saucisses-purée de notre enfance. » Catherine Brown, elle aussi, a senti le vent tourner, l'intérêt du public s'affûter. Pour elle, s'il est essentiel de préserver l'histoire et les traditions culinaires du pays « qui peuvent se perdre si facilement », la qualité du produit passe avant tout : « Il ne faut pas se sentir coupable si on change ou si on adapte une recette, et il est bon, parfois, d'expérimenter. Mais ce qui est important, c'est de respecter les produits. »

Fromage, sel...

Le critère « local », prenant de plus en plus d'importance, a permis le retour de produits qui n'étaient plus fabriqués localement. « Je suis fière de faire partie d'une communauté qui a un tel attachement à sa culture culinaire aujourd'hui. Les professionnels sont attachés à la qualité de leurs produits, défendent les traditions, promeuvent leurs régions... On voit renaître, par exemple, la production de sel marin écossais », sur l'île de Skye, notamment. Sue Lawrence, de son côté, est enchantée de découvrir régulièrement de nouveaux fromages artisanaux (lire p. 124), de nouveaux marchés. « On vient de loin, vraiment. Avant, on ne parlait jamais de cuisine, ici, pas comme en France. Maintenant, on discute de l'origine du bœuf que l'on mange », note-t-elle tout en restant consciente que les plats préparés et autres aliments de piètre qualité continuent à être très consommés en Écosse, compte tenu de leur bas prix. Mais le changement est palpable.

Comment protéger les spécialités ?

Catherine Brown s'est beaucoup investie dans la création de labels régionaux, avec l'appui de l'Union européenne. L'un des grands succès a été la protection des Arbroath smokie (l'églefin) et du Stornoway black pudding (lire p. 21), « mais le Brexit a tout stoppé », note-t-elle. « À présent, un label britannique se développe », rassure Fiona Richmond, « et il y a eu par exemple une demande pour le clootie dumpling (lire p. 153), ce qui serait fantastique ».

Rêves d'avenir

Les trois spécialistes s'accordent sur un point : nous sommes sur la bonne voie, mais rien n'est gagné. Il y a encore beaucoup à faire pour garantir un avenir radieux à la gastronomie écossaise. Il faut notamment résoudre « la question de la durabilité », énonce Catherine Brown, suivie par Sue Lawrence qui évoque également l'importance de la prise de conscience de la saisonnalité et de la provenance des produits. « Pourquoi manger des framboises chiliennes en août, quand on a, ici même, les meilleures du monde ? » ironise Sue Lawrence. Saisonnalité... mais aussi singularité. Des espèces, des variétés et des recettes risquent de disparaître si nous cessons de nous intéresser à elles. Comment les protéger ? « En encourageant les gens à les consommer, et en les rendant plus accessibles », ajoute-t-elle.

Plus accessibles aux locaux, bien sûr, mais aussi aux visiteurs. Pour Fiona Richmond, le tourisme culinaire est la clé. « Nous savons que les voyageurs veulent vivre des expériences fortes autour de la gastronomie. Et l'Écosse a vraiment tout ce qu'il faut pour briller : l'agritourisme, les festivals, les marchés, les écoles de cuisine, les distilleries, les brasseries, et surtout... un héritage merveilleux. »

Ces clichés qui sentent LA FRITURE

Si la gastronomie britannique dans son ensemble n'a pas toujours eu bonne presse auprès des palais francophones, l'Écosse est encore plus associée à une image médiocre et peu raffinée de la cuisine. Pourquoi ? Parce que l'on s'est bien appliqué à la construire.

Clichés coriaces

Si on se plonge dans le passé, on se rend compte que les clichés alimentaires concernant l'Écosse portaient surtout sur la simplicité, la pauvreté des aliments : du porridge, des céréales fades. À la fin du XXe siècle, la nourriture écossaise est souvent présentée comme répulsive, grasse. Friture, sucres, pomme de terre : on n'échappe à rien. « Pour moi, le cliché de la boîte en fer-blanc remplie de shortbread, avec un joueur de cornemuse dessus, sous-entend que les Écossais ne sont bons qu'à faire des choses sucrées, c'est faux », déclare Sue Lawrence.

Ces clichés sur la gastronomie écossaise sont même plus détaillés que les a priori sur la gastronomie britannique en général, marqués par la fameuse « jelly » et le corned-beef, associés à la Seconde Guerre mondiale.

Pourtant, nombre de voyageurs et d'écrivains ont relaté de merveilleuses expériences culinaires lors de leurs voyages en Europe, comme Barthélemy Faujas de Saint-Fond, qui raconte, dans un ouvrage paru au XVIIIe siècle, son voyage en Écosse et liste les repas gargantuesques auxquels il prend part.

Qui veut un Mars frit ?

Selon la légende urbaine, c'est après un défi lancé par un écolier de Stonehaven, dans le nord-est du pays, qu'une échoppe de fish & chips s'essaya à frire une barre chocolatée Mars, dans les années 1990. Bien avant Twitter et Instagram, la nouvelle courut d'école en école et le petit Chippy fit fortune. Aujourd'hui, il est commun de voir cette spécialité au menu, mais il est clair pour tout le monde que cela relève de l'humour ou de la curiosité touristique. De la même manière, on peut parfois voir des parts de pizza frites, ou, à Pâques, des œufs en chocolat frits.

Et la santé dans tout ça...

Derrière ce cliché se cache tout de même un sérieux problème d'hygiène publique à propos de l'alimentation, qui, alliée à une consommation d'alcool plus haute que la moyenne, a un impact direct sur l'espérance de vie des Écossais. L'office national des statistiques écossaises révélait d'ailleurs en 2021 que l'indice d'espérance de vie en bonne santé avait chuté de 2016 à 2019, ce qui n'est pas bon signe. La différence entre les zones précaires et les zones aisées est très marquée : plus de 20 ans.

Le haggis, une bonne histoire à raconter

L'autre grand cliché de la culture culinaire écossaise, et on l'explore également en p. 64, c'est le haggis. Si certains racontent que le haggis est un animal sauvage qui vit dans les Highlands, il est aussi très commun d'entendre les locaux décrire le haggis comme un plat dont il faudrait presque avoir peur. En français, le terme « panse farcie » déclenche toujours quelques grimaces. Mais en général, après un premier coup de fourchette un peu incertain, les grimaces se transforment rapidement en sourire...

« C'est vrai qu'il y a plusieurs recettes écossaises qui ne sont pas très jolies à voir, concède Sue Lawrence. Comme le *crappit heid*, une tête de morue farcie, qui était consommée dans les îles. Il s'avère que c'est délicieux et très nourrissant. En Écosse, on ne mange pas avec nos yeux, mais avec notre cœur. »

Conseils & mesures

Si vous n'avez pas beaucoup d'expérience en cuisine, essayer de nouvelles recettes peut être un peu intimidant. Nous avons pris le parti de proposer des recettes assez simples qui nécessitent peu de matériel. Vous devriez avoir tout ce dont vous avez besoin dans votre cuisine afin de réaliser les recettes de ce livre. Avec une cocotte à fond épais, une poêle, des casseroles, des plats à gratin, des moules (à gâteaux et à quiches) et des couteaux aiguisés, vous devriez vous en sortir haut la main. Aussi, un batteur électrique est fortement recommandé !

Il était important pour nous de vous proposer des alternatives végétariennes et véganes lorsque c'était possible. Les changements sont minimes et le mode opératoire reste le même. Ce livre n'est pas un guide pour vous apprendre à devenir végétarien, mais nous espérons qu'il vous donnera un peu d'inspiration pour adapter les recettes à vos besoins !

Pour réussir les recettes et gagner beaucoup de temps, nous vous conseillons de préparer les ingrédients (pesés et coupés) avant de commencer à cuisiner. Cela permet aussi de vérifier que vous avez tous les ingrédients sous la main ! Les temps de cuisson sont donnés à titre indicatif. Chaque four et chaque plaque de cuisson sont différents. Fiez-vous plutôt à l'apparence du plat que vous cuisinez et surveillez bien la cuisson vers la fin.

PRÉCISIONS sur la nature et les quantités des ingrédients utilisés :

- Les œufs sont de calibre moyen et sont utilisés à température ambiante.
- Le beurre est doux et conservé à température ambiante (sauf si spécifié). Cela change beaucoup la texture des gâteaux, ils seront plus aérés.
- Le lait est entier, mais il est tout à fait acceptable d'opter pour du lait demi-écrémé.
- La farine est T45 tout usage, sauf mention contraire.
- Le sel utilisé est du gros sel de mer. Nous vous conseillons d'éviter le sel de table qui sale beaucoup trop.
- 1 cuillerée à café mesure 5 ml et 1 cuillerée à soupe mesure 15 ml. Nous avons conscience que toutes les cuillères sont différentes. Ne vous inquiétez pas et utilisez ce que vous avez dans vos tiroirs, la recette sera tout aussi bonne !

Recettes de base

Custard cream

Crème anglaise

Préparation : 5 minutes
Cuisson : 20 minutes

Ingrédients
1 litre de lait
100 g de sucre
1 cuil. à soupe de vanille en poudre ou d'arôme de vanille
4 œufs

Version végane
90 cl de lait d'amande
100 g de sucre
2 cuil. à soupe de fécule de maïs
1 cuil. à soupe de vanille en poudre

Faites bouillir le lait avec le sucre et la vanille dans une casserole. Cassez les œufs dans un cul-de-poule et battez-les avec un fouet, versez peu à peu le lait chaud. Remettez le tout dans la casserole. Faites épaissir la crème en la faisant cuire à feu doux sans cesser de remuer. La crème va s'épaissir peu à peu. Si on chauffe trop, l'albumine des œufs coagule et se sépare du lait. Dans ce cas, retirez du feu immédiatement et mélangez la crème avec un mixeur pendant 1 ou 2 minutes. Laissez refroidir en filmant la crème au contact avec du film alimentaire.

Version végane

Mélangez au fouet la fécule de maïs dans un peu de lait froid pour la diluer. Dans une casserole, faites chauffer à feu doux la fécule délayée, la moitié du lait, le sucre et la vanille jusqu'à ce que le mélange épaississe. Retirez du feu et incorporez le reste du lait. Laissez refroidir avant de consommer.

Notes

Cette crème se conserve 3 jours au réfrigérateur dans une boîte hermétiquement fermée. La custard cream s'utilise pour accompagner des gâteaux, puddings et scones. On peut aussi la manger avec des fruits au sirop.

Pâte brisée

1 tarte de 25 à 35 cm de diamètre
Préparation : 10 minutes

Ingrédients
250 g de farine
1 pincée de sel
125 g de beurre mou coupé en morceaux
1 œuf battu
1 cuil. à soupe d'huile

Dans un saladier, mélangez la farine et le sel. Incorporez le beurre en mélangeant avec les mains jusqu'à obtenir de grosses miettes. Ajoutez l'œuf battu et l'huile. Pétrissez la pâte avec la paume de la main, l'opération doit se faire rapidement, la pâte en sera encore meilleure.

Notes

Si la pâte est trop sèche, versez un peu d'eau froide. Si la pâte est trop molle, laissez-la reposer 1 heure au réfrigérateur. Elle se conserve 2 jours au frais avant d'être utilisée. Pour une version plus friable et croustillante, n'ajoutez pas d'œuf.

Version végane

Omettez l'œuf, remplacez le beurre par de la margarine. Ajoutez 1 cuil. à café de gomme de guar (facultatif – c'est un liant qui remplace l'œuf).

PAINS

C'est l'heure du SCOTTISH BREAKFAST

Tout bed & breakfast d'Écosse se fait un honneur de servir un Scottish breakfast gargantuesque. Même si, bien sûr, les Écossais et Écossaises ne s'offrent pas un festin de la sorte tous les jours, chacun a une définition très claire de ce qu'est le petit déjeuner à l'écossaise. Il se distingue de son voisin anglais par l'addition de haggis, de saucisse de Lorne et de boudin noir de Stornoway. Bien que sa version végétarienne ait le vent en poupe, il faut bien avouer que la viande et la charcuterie se placent au centre de cette assiette matinale particulière.

Le petit déjeuner s'est démarqué dès le XIXe siècle, lorsque des auteurs comme Walter Scott l'ont mis en lumière. Des voyageurs célèbres, également, en ont vanté les mérites dans leurs écrits.

Voici les composants d'un petit déjeuner écossais on ne peut plus classique, volontairement très chargé pour vous faire saliver. À vous de l'adapter à vos envies matinales !

La saucisse de Lorne

On l'appelle aussi « *square sausage* », la saucisse carrée. Son autre particularité ? Elle est réalisée dans un moule. Pratique pour les sandwichs ! Cette saucisse de bœuf, parfois de porc, est apparue en Écosse à la fin du XIXe siècle, mais l'origine de son nom, malheureusement, est peu claire : Lorne est un district de la côte ouest, et il y a en effet beaucoup d'élevages dans la région, mais le nom fait peut-être référence au marquis de Lorne, qui épousa l'une des filles de la reine Victoria.

La recette de cette saucisse est simplissime : il ne s'agit que de viande hachée, mélangée à de la chapelure, du sel et du poivre, tassée dans un moule rectangulaire.

Le bacon grillé

Si le porc est peu présent dans les recettes écossaises, il a une place de choix dans les petits déjeuners, sous forme de bacon grillé. Qu'on le préfère en rondelles ou en larges tranches, on peut le faire frire à la poêle ou griller au four.

Les œufs

Il y a autant de manières de cuire des œufs que de jours dans l'année ! Dans un restaurant, la question « comment voulez-vous vos œufs » est irrémédiablement posée à ceux qui commandent un petit déjeuner. Nous aimons les brouiller, dans une casserole, avec du beurre, du cumin et une pointe de persil frais.

Les champignons

Prenez ce que vous avez sous la main ! Au quotidien, les Écossais se contentent de champignons de Paris bruns, qui sont tranchés puis cuits à la poêle, dans le jus des viandes cuites en amont. On peut aussi les voir accompagnés de tranches de tomate grillées.

Le haggis

C'est en général une petite portion du célèbre haggis écossais qui est servie sur notre assiette matinale. Pour en savoir plus sur le haggis, lire p. 64.

Les tattie scones

Ces petites galettes de pomme de terre (recette p. 24) peuvent être préparées en avance et simplement grillées à la poêle ou passées au grille-pain le matin. Elles remplacent à merveille le pain dans un tel festin ! *Tattie* signifie pomme de terre en scots.

> " Breakfast,
> a meal in which the Scots,
> whether of the Lowlands or the mountains,
> must be confessed to excel us. "
>
> « Le petit déjeuner est un repas où, il faut bien l'avouer, les Écossais nous dépassent. »
>
> Samuel Johnson (1709-1784)

Le black pudding de Stornoway

Ce boudin noir, fabriqué exclusivement par une poignée de bouchers dans les environs de Stornoway, sur l'île de Lewis et Harris, comme le veut son appellation protégée depuis 2013, donnera une vraie touche écossaise à votre assiette. Encore une fois, son goût est puissant mais sa composition est très simple : sang (de mouton, bœuf ou porc), suif de bœuf, avoine d'Écosse, sel et poivre. À l'heure du petit déjeuner, on en coupe plusieurs tranches, qui seront ensuite mises à frire à la poêle.

Le porridge, le grand-père des petits déjeuners écossais

Le petit déjeuner écossais, tel qu'on le conçoit aujourd'hui, n'est pas très ancien : on lui donne une petite cinquantaine d'années, tout au plus. L'aliment qui se trouve à la base de la tradition culinaire écossaise, et de la journée de labeur, c'est l'avoine. Ces grains poussent bien dans le sol humide et peu ensoleillé de l'Écosse. Une fois moulus, écrasés, ils se conservent longtemps. Si on trouve l'avoine le plus souvent sous forme de flocons, où les grains ont été écrasés puis passés à la vapeur, il peut également être intéressant de le consommer concassé, sous forme de boulgour. L'avoine est réputée pour ses apports en protéines, calcium et vitamine B.

Le plat le plus simple et le plus épuré à base d'avoine est sans conteste le porridge. Ce plat d'avoine cuit, à l'eau ou au lait selon le degré de gourmandise, se distingue du *brose*, où le porridge est simplement recouvert d'eau chaude, et non cuit à petit feu. « Je mange un bol de porridge tous les matins, simplement cuit à l'eau avec du sel. Pour mes petits-enfants, cela dit, j'utilise du lait et j'ajoute quelques fruits, explique Sue Lawrence, autrice de nombreux livres sur la cuisine écossaise. C'est la question que l'on me pose le plus souvent ! »

Pour remuer le porridge, on utilise traditionnellement une baguette en bois appelée *spurtle*. Une superstition assure que tourner le porridge dans le sens antihoraire porterait malchance, ne prenez pas le risque !

Chaque semaine, des millions de ces pains tout simples et aériens sont vendus en Écosse. Ouverts en deux en un tour de main, ils sont garnis de tout ce que vous pouvez imaginer - bacon, œufs, haggis, fromage... - et le plus souvent dégustés au petit déjeuner ou sur le pouce, pour un casse-croûte. Comme par magie, ces pains ont la taille de la saucisse carrée que nous vous présentons p. 20 !

Préparation : 30 minutes
Repos : 2 heures à 2 h 30
Cuisson : 12 à 15 minutes

Baps
morning rolls
Petits pains

Ingrédients pour 6 petits pains de 8 cm de diamètre ou 4 pains de 12 cm de diamètre

250 g de farine blanche à pain (T55)
1 cuil. à café (7 g) de levure de boulanger sèche ou 14 g de levure de boulanger fraîche
5 cl de lait tiède à environ 35 °C
10 cl d'eau tiède à environ 35 °C
1 cuil. à café de sucre en poudre
½ cuil. à café de gros sel
15 g de beurre

Mélangez dans un bol la levure, le lait, l'eau et le sucre. Agitez bien pour dissoudre le tout et laissez reposer 5 à 10 minutes. Une mousse épaisse devrait se former à la surface, cela veut dire que la levure est active. Dans un saladier, versez la farine avec le sel et mélangez. Faites un puits et versez-y le mélange de levure activée et le beurre. Pétrissez la pâte au robot ou à la main jusqu'à ce que la texture soit élastique et lisse. Si la pâte colle, ajoutez un peu de farine. Le pétrissage dure environ 15 minutes au robot (un peu plus long si on le fait à la main). Recouvrez la pâte avec un torchon (ou filmez le saladier) et laissez reposer 1 h 30 à 2 heures dans un coin chaud (proche d'un radiateur) et surtout sans courant d'air car la pâte ne lèverait pas. Une fois que la pâte a doublé de volume, dégazez-la en la travaillant un peu. Farinez légèrement une plaque de cuisson. Divisez la pâte en 6 ou 4 pâtons et façonnez des boules avec chaque part. Disposez-les sur une plaque de cuisson beurrée ou recouverte de papier sulfurisé. Préchauffez le four à 200 °C. Laissez gonfler les petits pains encore 30 minutes dans un lieu chaud. Saupoudrez les petits pains de farine pour la décoration et enfournez à four chaud pour 12 à 15 minutes. Ils doivent être bien dorés. Laissez refroidir sur une grille pendant 15 minutes.

Notes
Pour un petit déjeuner express, dégustez-les avec du beurre, un œuf poché et une tranche de bacon. Variante : beurre, rondelle de tomate grillée et black pudding. Ces pains se conservent 2 jours dans une boîte hermétiquement fermée mais ils sont vraiment meilleurs le jour même.

Oatcakes

Craquelins à l'avoine

On considère que les oatcakes, ces galettes d'avoine dures et friables, sont préparés en Écosse depuis au moins l'occupation romaine, au Ier siècle, puisque cela a été documenté à l'époque. C'est cette recette toute simple qui assura un succès durable à ces biscuits, nourrissants et jamais décevants.

Préparation : 10 minutes
Cuisson : 20 minutes

Ingrédients pour 12 craquelins
125 g de flocons d'avoine pour une texture rustique ou 125 g de porridge d'avoine pour une texture plus fine
1 pincée de gros sel
1 pincée de bicarbonate de soude
2 cuil. à café d'huile d'olive (ou 20 g de beurre fondu)
3 cuil. à soupe d'eau chaude
Farine pour étaler la pâte

Préchauffez le four à 170 °C (th. 5/6). Dans un saladier, mélangez les flocons d'avoine, le sel et le bicarbonate de soude. Faites un puits et versez-y l'huile (ou le beurre, au choix) et l'eau chaude. Malaxez avec les mains et formez une boule. Si c'est trop humide, versez un peu de flocons d'avoine, si c'est trop sec, ajoutez un peu d'eau. Sur un plan de travail fariné, étalez la pâte au rouleau sur une épaisseur de 7-8 mm. Comme il n'y a pas d'œuf, la pâte est très friable, il faudra faire attention en la manipulant. Découpez des disques à l'emporte-pièce (ou avec un verre), placez-les sur une plaque de cuisson beurrée ou recouverte de papier sulfurisé et enfournez pour 20 minutes à four chaud. Les craquelins sont cuits lorsqu'ils sont dorés avec une couleur un peu plus foncée sur les côtés. Laissez refroidir sur une grille et dégustez-les nature, avec du beurre, du miel ou encore du fromage.

Notes

Ces craquelins se conservent 1 semaine dans une boîte hermétique. On les mange traditionnellement avec de la soupe ou des stovies (voir recette p. 78). On peut ajouter 50 g de graines de sésame, de tournesol, de coquelicot...

Tattie scones

Galettes de pommes de terre

Tattie, en scots, la langue régionale du sud et de l'est de l'Écosse, signifie tout simplement « pomme de terre ». Ces tattie scones, aussi bons que mignons, n'ont de commun avec les scones britanniques du tea time que le nom (et un peu de farine). Ils font traditionnellement partie du petit déjeuner écossais, frais, toastés ou frits. Utilisez des pommes de terre farineuses, chaudes ou tièdes, fraîchement bouillies, et non un reste de la veille. Vous pouvez également faire confiance à votre poêle et éviter de la beurrer avant cuisson.

Préparation : 15 minutes
Cuisson : 30 minutes environ

Ingrédients pour 10 à 12 scones
450 g de pommes de terre épluchées et coupées en morceaux
50 g de beurre
1 pincée de sel
120 g de farine + pour le plan de travail

Dans une casserole d'eau salée, faites cuire les pommes de terre pendant environ 15 minutes (elles doivent être tendres), versez-les dans un grand bol, puis réduisez-les en purée à l'aide d'une fourchette ou d'un presse-purée. La purée doit être bien fine et sans grumeaux. Ajoutez le beurre et remuez jusqu'à ce qu'il soit bien incorporé. Tamisez la farine au-dessus de la purée et mélangez bien pour l'incorporer sans grumeaux. La pâte doit être souple et facilement manipulable. Sur une surface légèrement farinée, abaissez la pâte sur une épaisseur de 5 mm environ. Découpez des triangles. Faites cuire les scones dans une poêle ou une crêpière à feu moyen-doux 3 à 5 minutes sur chaque face. Les scones doivent être brun doré, un peu comme des crêpes. À consommer chaud avec du beurre étalé dessus.

Notes

Ces scones se conservent jusqu'à 5 jours au réfrigérateur bien emballés. Réchauffez-les au grille-pain ou à la poêle pour qu'ils retrouvent leur croustillant. Ils sont délicieux avec des soupes ou un ragoût.

Reconnaissables à leur forme dodue, qui leur vient du cercle utilisé pour les cuire, et aux trous qui les ornent, les crumpets sont un petit extra que l'on croise sur la table du petit déjeuner, les jours où l'on veut vraiment se faire plaisir. En Écosse, ils existent depuis longtemps, sous une forme plus plate. C'est au XIXe siècle, en Angleterre, qu'on introduisit l'usage du cercle métallique pour les rendre plus épais.

Préparation : 10 minutes
Repos : 1 heure
Cuisson : 30 minutes environ

Crumpets

Crêpes épaisses à la levure de boulanger

Ingrédients pour 10 crumpets
27,5 cl de lait
225 g de farine à pain T55
1 cuil. à café de gros sel
2 cuil. à café de levure de boulanger
1 cuil. à soupe de sucre en poudre
Beurre pour les cercles

Faites chauffer le lait dans une casserole à 35 °C environ. Le lait doit être tiède, juste assez chaud pour tremper son doigt quelques secondes sans se brûler. Dans un saladier, mélangez la farine, le sel, la levure et le sucre. Faites un puits et versez-y le lait tiède. Mélangez bien. Couvrez le saladier d'un torchon et laissez reposer au chaud pendant 1 heure. La pâte va s'épaissir, former des bulles et devenir collante. Préchauffez le four à 150 °C (th. 5). Beurrez 4 cercles à pâtisserie de 7 cm de diamètre et d'environ 4 cm de hauteur (ils sont facultatifs mais, sans eux, les crumpets auront moins de volume et leur forme sera moins régulière). Faites chauffer une crêpière à feu moyen. Posez les cercles dans la crêpière et remplissez-les à moitié de pâte. Laissez cuire à feu doux pendant 10 minutes jusqu'à ce que le dessus des crumpets soit presque cuit et que des bulles se forment en surface. Enlevez les cercles avec un torchon pour ne pas vous brûler. Retournez les crumpets avec une spatule et faites cuire pendant 2 à 3 minutes. Réservez sur une plaque de cuisson. Recommencez ces étapes jusqu'à épuisement de la pâte. Enfournez les crumpets à four chaud pour 10 minutes afin de finir de cuire le centre. Dégustez chaud au petit déjeuner avec un peu de beurre et du sucre en version sucrée, ou avec des œufs et du bacon en version salée.

Notes

Les crumpets se conservent au réfrigérateur jusqu'à 5 jours dans une boîte hermétiquement fermée. Il faut ensuite les réchauffer un peu à la poêle avant de les déguster.

Version végane

Utilisez le lait végétal de votre choix et suivez la recette, les temps de cuisson sont les mêmes.

Préparation : 40 minutes
Repos : 2 heures
Cuisson : 20 minutes

Ces petits pains au lait, décorés d'une croix, sont traditionnellement servis à Pâques. En plus des symboles religieux, rappelant la crucifixion, d'étranges croyances sont parfois partagées au sujet des hot cross buns : sur un bateau, par exemple, ils protégeraient du naufrage. Pour notre part, on s'en tiendra à vous recommander de les déguster avec un thé fumant !

Hot cross buns

Petits pains de Pâques

Ingrédients pour 12 petits pains

La pâte à pain
500 g de farine
12 cl de lait tiède à 35 °C environ
1 cuil. à café de sucre
7 g (1 sachet) de levure sèche de boulanger
70 g de sucre en poudre
1 cuil. à café de gros sel
1 cuil. à café de cannelle moulue
1 cuil. à café de quatre-épices
½ cuil. à café de noix de muscade
70 g de beurre
2 œufs battus (1 œuf pour la recette et l'autre pour dorer les pains)
15 cl de lait
40 g de raisins secs
30 g de cerises confites coupées en quatre
30 g d'écorce d'orange confite émincée
30 g de gingembre confit émincé

La croix blanche
125 g de farine + pour le plan de travail
130 g de sucre glace
1 cuil. à soupe d'huile d'olive
3 cuil. à soupe de lait

Le sirop pour dorer
50 g de sucre
2 anis étoilés
3 cardamomes entières
1 cuil. à café d'extrait de vanille
1 bâton de cannelle

La pâte à pain

Dans un bol, mélangez énergiquement le lait tiède, la levure et le sucre. Laissez reposer 10 minutes. Le mélange doit devenir très mousseux. Dans un grand saladier, mélangez la farine, le sucre, le sel et les épices. Incorporez le beurre pour former des miettes. Ajoutez les raisins, les cerises, l'orange et le gingembre confits et mélangez bien. Faites un puits au centre et versez 1 œuf battu, le lait et le mélange de levure. Pétrissez pendant 15 minutes pour bien incorporer les fruits à la pâte. Elle doit être souple et humide. Si elle est trop collante, rajoutez un peu de farine. Couvrez le saladier de film alimentaire et laissez reposer au chaud et à l'abri des courants d'air pendant 1 h 30. La pâte va gonfler un peu et s'assouplir. Sur une surface légèrement farinée, formez 12 petites boules avec la pâte à pain. Placez-les sur une plaque de cuisson chemisée de papier sulfurisé. Espacez les boules d'environ 2 cm et laissez gonfler de nouveau pendant 30 minutes. Préchauffez le four à 200 °C (th. 6/7).

La croix blanche

Dans un saladier, mélangez au fouet la farine, le sucre glace, l'huile et le lait. Le mélange doit être assez dense mais coulant. Versez-le dans une poche à douille munie d'un bec fin ou un sac de congélation avec l'un des coins finement coupé. Étalez l'œuf battu au pinceau sur les petits pains. Dessinez une croix blanche sur chacune des boules de pain en pressant de manière constante sur le sac de congélation. Enfournez à four chaud pour 20 minutes.

Le sirop

Dans une casserole, faites chauffer le sucre avec 1 à 2 cuillerées à café d'eau. Ajoutez les épices et portez à ébullition. Faites ensuite frémir à feu doux pour que le sirop s'épaississe. Badigeonnez les pains avec dès qu'ils sortent du four. Laissez refroidir sur une grille pendant 15 minutes. Les pains ont gonflé et ils doivent tous se toucher, c'est normal !

Notes

Les petits pains se conservent environ 5 jours à température ambiante enveloppés dans un torchon. Ils sont délicieux réchauffés au four pendant 5 minutes.

Version végane

Omettez les œufs. Remplacez le beurre par de la margarine et le lait par le lait végétal de votre choix. La recette et les temps de cuisson sont les mêmes.

Appelées « butteries » dans tout l'Aberdeenshire, mais « rowies » dans la ville d'Aberdeen elle-même, ces généreuses pâtisseries feuilletées, généreuses en beurre et relevées d'une pointe de sel, font partie prenante de l'identité du nord-est du pays. Ces butteries gourmandes sont concues pour être consistantes, nourrissantes et transportables. Rien de mieux pour une journée en mer.

Préparation : 30 minutes
Repos : 2 heures
Cuisson : 20 minutes

Aberdeen butteries

Petits pains feuilletés

Ingrédients pour 8 pains
7 g (1 sachet) de levure sèche de boulanger
12 cl d'eau tiède
300 g de farine à pain + pour le plan de travail
2 cuil. à soupe de sucre en poudre + 1 cuil. à café
1 cuil. à café de sel
100 g de beurre mou (c'est important sinon cela va rendre la recette difficile)

Dans un bol, mélangez l'eau tiède avec la levure et 1 cuillerée à café de sucre. Agitez bien et laissez reposer. Lorsque de la mousse se forme à la surface, cela veut dire que la levure a été activée. Dans un grand saladier, mélangez la farine, le sel et le sucre restant. Faites un puits et versez-y l'eau tiède avec la levure. Pétrissez à la main pendant une dizaine de minutes. Si la pâte est trop sèche au début, vous pouvez rajouter un peu d'eau ; à l'inverse, si elle est trop collante, rajoutez un peu de farine. Une fois la pâte bien pétrie, laissez-la reposer dans un saladier propre recouvert de film alimentaire. Laissez gonfler la pâte pendant 1 heure à 1 h 30. Une fois que la pâte a levé, étalez-la au rouleau sur une surface farinée sur une épaisseur d'environ 1 cm (pas besoin d'être très précis pour faire des butteries).

Technique du pliage

Étalez la moitié du beurre sur la surface uniformément, laissez une marge de 2 cm environ autour. Pliez la pâte en trois et étalez délicatement au rouleau, faites attention à ne pas déchirer la pâte pour que le beurre reste toujours à l'intérieur. Tournez la pâte de 90 degrés, étalez l'autre moitié du beurre, puis repliez la pâte en trois comme précédemment. Étalez la pâte délicatement au rouleau. Tournez encore la pâte de 90 degrés et repliez en trois, puis étalez délicatement sur une épaisseur d'1,5 cm environ. Recommencez l'opération 2 ou 3 fois pour bien incorporer le beurre. Enfin, étalez une dernière fois la pâte sur une épaisseur d'environ 1,5 cm, puis découpez 8 rectangles. Déposez-les sur une plaque de cuisson farinée, laissez reposer de nouveau dans un endroit chaud pendant 45 minutes. Préchauffez le four à 200 °C (th. 6/7) et enfournez à four chaud pour 20 minutes.

Notes

Ce sont de délicieux biscuits qui se mangent au petit déjeuner avec du beurre et de la confiture comme des tartines. Ils peuvent aussi accompagner les soupes et les salades.

Les butteries se conservent 1 semaine à température ambiante dans une boîte hermétiquement fermée. Toutefois, ils perdent rapidement de leur croquant et sont meilleurs réchauffés 5 à 8 minutes au four.

Préparé à l'approche du Nouvel An, le black bun se reconnaît de loin dans la vitrine d'une pâtisserie : il a une croûte et une pâte intérieure dense, criblée de raisins secs. Le romancier Robert Louis Stevenson a décrit cette spécialité comme une « substance noire et dense, hostile à la vie ». Vous pouvez le confectionner pour la tradition du « first-footing » du 1er janvier, où l'on se présente chez ses voisins avec des friandises.

Préparation : 40 minutes
Cuisson : 1 h 30
Repos : 30 minutes

Black bun

Pain d'épices noir

Préchauffez le four à 160 °C (th. 5/6). Mélangez tous les ingrédients de la pâte à pain et versez le lait en dernier jusqu'à ce que la pâte soit humide. Étalez la pâte brisée sur une épaisseur de 5 mm. Foncez un moule rectangulaire à quatre-quarts et coupez l'excédent. Versez l'appareil à l'intérieur. Étalez l'excédent de pâte brisée sur une épaisseur de 5 mm et disposez-le sur le moule pour faire un couvercle. Scellez les bords en les repliant sur eux-mêmes. Enfournez à four chaud pour 1 h 30. Laissez refroidir au moins 30 minutes avant de démouler (pour ne pas casser le pain).

Notes

Le pain se conserve dans un torchon au moins 1 semaine à température ambiante. Il est délicieux dégusté grillé avec un peu de beurre. Il accompagne les brunchs ou peut se manger au goûter ou avec une soupe.

Version végane

Remplacez l'œuf par 1 banane bien mûre écrasée et utilisez votre lait végétal préféré.

Ingrédients pour 1 pain
1 pâte brisée (voir recette p. 17)

La pâte à pain
200 g de farine
1 cuil. à café de bicarbonate de soude
100 g de raisins secs
50 g de pommes séchées coupées en morceaux
50 g de dattes coupées en petits morceaux
50 g de noix concassées
75 g d'écorces d'agrumes confites émincées
75 g de sucre roux
1 cuil. à soupe de mélasse noire
1 cuil. à soupe de whisky
1 œuf battu
1 verre de lait

On raconte que le Selkirk bannock doit sa célébrité au passage de la reine Victoria à Abbotsford, le manoir du romancier et historien Walter Scott, qu'elle adorait. Est-ce vrai ? Rien n'est moins sûr. En tout cas, Walter Scott a plusieurs fois évoqué cette douceur dans ses livres, ce qui fit la réputation de la petite bourgade de Selkirk.
Attention à ne pas confondre le Selkirk bannock avec le Shetland bannock, un petit pain salé.

Préparation : 15 minutes
Repos : 2 heures
Cuisson : 50 minutes

Selkirk bannock

Pain brioché aux raisins secs

Ingrédients pour 1 gros pain de 20 cm de diamètre
500 g de farine à pain (T55)
450 g de raisins secs
3 cuil. à soupe de whisky
7 g (1 sachet) de levure sèche de boulanger
25 cl de lait tiède (pas plus de 35 °C)
1 cuil. à café de sucre en poudre
50 g de cassonade
1 cuil. à café de gros sel
140 g de beurre à température ambiante coupé en morceaux
1 œuf battu

Dans un bol, faites tremper les raisins dans le whisky et 1 verre d'eau. Mélangez énergiquement la levure et le sucre dans le lait tiède. Laissez reposer 10 minutes, des bulles devraient se former à la surface, cela veut dire que la levure est activée. Dans un grand saladier, mélangez la farine avec la cassonade et le sel. Incorporez le beurre en malaxant avec les mains jusqu'à obtenir de grosses miettes. Faites un puits au centre et versez-y le mélange de lait et de levure. Pétrissez au robot ou à la main pendant au moins 10 minutes. La pâte doit être bien souple. Recouvrez le saladier de film alimentaire et laissez reposer pendant 1 heure près d'une source de chaleur et à l'abri des courants d'air. Égouttez les raisins, pétrissez bien la pâte pour les incorporer. Placez la pâte dans un moule rond (ou carré) d'environ 20 cm de diamètre, recouvrez de papier sulfurisé et laissez à nouveau reposer dans un endroit chaud pendant 1 heure. Préchauffez le four à 180 °C (th. 6). Badigeonnez la surface du pain au pinceau avec l'œuf battu. Enfournez à four chaud pour 50 minutes environ. Si le bannock devient trop foncé vers la fin, recouvrez le moule de papier d'aluminium et continuez la cuisson.

Notes

Ce pain se conserve 1 semaine à température ambiante dans un torchon. Il est délicieux consommé le matin, réchauffé au grille-pain avec un peu de beurre dessus. C'est aussi un très bon pain de voyage car il est dense et nourrissant.

Version végane

Remplacez le beurre par de la margarine. Faites un sirop avec un peu de sucre dilué dans de l'eau, étalez avec un pinceau sur le dessus du bannock juste après sa sortie du four.

L'ANNÉE GOURMANDE écossaise

L'année écossaise est constellée de fêtes et d'événements, aux traditions culinaires très ancrées. Quel que soit le moment de l'année, les spécialités de la saison sont mises à l'honneur et, surtout, on les partage. Voici notre calendrier culturel et gourmand, qui ne laisse pas une saison de côté...

Hogmanay, le Nouvel An écossais

L'année, déjà, commence sur les chapeaux de roues. À Édimbourg, la tradition de se réunir autour d'un clocher, en centre-ville, a été remplacée par un grand festival s'étalant sur plusieurs jours, ponctué de concerts et de feux d'artifice. Dans le reste de l'Écosse, la tradition du « first-footing » perdure : après les douze coups de minuit, on se présente chez les voisins avec une bouteille de whisky ou une sucrerie. Ça porte chance ! Plusieurs spécialités sont plébiscitées pour le Jour de l'An, avec une nette préférence pour la steak pie (lire p. 72), traditionnellement achetée chez le boulanger, en avance.

Burns Night, à la santé des poètes

Tous les 25 janvier, les Écossaises et Écossais choisissent leur haggis (lire p. 64 et 94) préféré – viande ou végétarien –, des navets, des pommes de terre, et se préparent à célébrer Burns Night. Ce soir-là, entourés de leurs proches, ils récitent leurs poèmes favoris de Robert Burns, le barde national, qui vécut au XVIIIe siècle. Pour beaucoup, il s'agit de *L'Adresse au haggis*, l'une des pièces maîtresses du poète. Cet événement, très populaire en Écosse, a fait des petits, puisque des milliers de dîners sont organisés tout autour de la planète en l'honneur de Robert Burns.

Up Helly Aa, en hommage à la culture viking

Dans l'archipel des Shetland, le mois de janvier est peut-être le plus sombre, mais pas le plus triste. Dans toutes les communautés, et surtout à Lerwick, la capitale, on célèbre l'héritage scandinave de la région. Des cohortes de Vikings défilent joyeusement à la nuit tombée, avant de mettre le feu à leur drakkar, fabriqué à la main et avec amour tout au long de l'année. Une fois le bateau parti en fumée, on se retrouve à la salle des fêtes, où des spécialités maison ont été préparées par la communauté. La fête dure toute la nuit !

Beltane

Torches, tambours, cris, chants... Tous les 30 avril, sur les hauteurs d'Édimbourg, à Calton Hill, d'étranges clameurs percent le ciel. C'est Beltane, la fête celtique qui marque la fin de l'hiver et l'arrivée des beaux jours. Des dizaines de danseurs et de musiciens, représentant l'été, se livrent à une danse au cours de laquelle ils repoussent peu à peu les artistes incarnant l'hiver. Si cette célébration était tombée dans l'oubli au cours du XXe siècle, elle a de nouveau le vent en poupe et attire beaucoup de curieux à la fin du mois d'avril. Pas de spécialités culinaires particulières à mettre en avant, c'est avant tout l'esprit que l'on nourrit !

Les festivals artistiques de l'été à Édimbourg

Depuis 1947, le centre d'Édimbourg se transforme en été pour accueillir le Festival international (théâtre, opéra...), le Fringe (arts de rue, concerts, comédie), le Tattoo Military Festival (fanfares militaires), le Book Festival (littérature) et tant d'autres. À cette occasion, d'innombrables stands proposent des classiques de la cuisine écossaise à déguster sur le pouce, mais aussi des saveurs du monde entier !

Samhuinn

C'est le pendant hivernal de Beltane, et aussi l'ancêtre de Halloween. Cette fête païenne, à la fin du mois d'octobre, nous rappelle que l'été cédera bien vite la place à la saison hivernale. À Édimbourg, c'est encore une fois l'occasion de découvrir un spectacle itinérant et coloré. De manière plus générale, Halloween est célébré un peu partout en Écosse. Notons cependant que, traditionnellement, ce sont les navets qui sont évidés et sculptés en Écosse, et non pas les citrouilles. Un travail qui demande un peu plus d'huile de coude...

La Saint-André

La fête nationale de l'Écosse tombe le 30 novembre, à la Saint-André, mais peu de gens, en Écosse, marquent l'occasion. Cela dit, des dîners sont parfois organisés par la communauté internationale, une occasion de remettre à l'honneur les mets les plus fins du pays.

Noël

Quand on voit l'étendue des marchés de Noël dans les grandes villes d'Écosse aujourd'hui, il est difficile d'imaginer qu'avant la Seconde Guerre mondiale, on ne célébrait que très peu Noël, peu compatible avec les valeurs presbytériennes du pays. À présent, le 25 et le 26 décembre sont bien des jours fériés et l'on retrouve, sur les tables familiales, les grands classiques britanniques, ainsi que quelques gâteaux généreux comme le clootie dumpling (lire p. 153)

POISSONS & CRUSTACÉS

DE LA MER
à l'assiette

Saumon, langoustines, coquilles Saint-Jacques... Les produits de la mer écossais sont connus bien au-delà des frontières du pays. S'ils font bonne figure dans les plats traditionnels, ils ne sont pas toujours très bien connus de ses habitants.

À Ullapool, dans le nord-ouest de l'Écosse, la journée commence tôt pour Kirsty et Fenella, qui attendent que les pêcheurs aient déposé leurs prises pour écrire leur menu du jour, à la craie, sur le grand tableau noir qui jouxte leur « shack », un espace pas plus grand qu'une caravane, mais qui a tout ce qu'il faut : une cuisine et deux grandes fenêtres pour tendre l'oreille aux clients. Selon les arrivages et leurs envies, elles préparent des Saint-Jacques aux herbes, des moules avec une sauce à la crème, des pinces de crabe à l'ail, des croquettes de saumon (lire p. 42) et, bien sûr, la fameuse soupe Cullen skink (lire p. 48).

Le retour en force de la mer à table

Grâce à leur travail et à leur talent, elles réussissent à garder sur place un peu des trésors de pêche rapportés au port par les chalutiers. Le reste part en ville, à la capitale, et hors des frontières. La qualité de ces produits est indiscutable, et ils sont achetés à prix d'or sur les marchés européens. Mais *quid* de l'appétit des locaux pour les poissons et fruits de mer écossais ? À l'exception de l'églefin, ce cousin du cabillaud que l'on retrouve dans le classique fish & chips (lire p. 54), il faut dire que les poissons et fruits de mer n'occupent pas une grande place sur la liste de courses des Écossais. Peut-être à cause d'un a priori sous-jacent et ancien, selon lequel les fruits de mer étaient une nourriture réservée aux plus pauvres. Et pourtant, comme à Ullapool, de petites baraques vendant les fruits de mer du jour, préparés selon l'humeur du jour aussi, ont éclos sur plusieurs ports écossais, à Oban, à North Berwick, démontrant bien un intérêt renouvelé pour ces produits de choix.

La pêche, une histoire d'héritage

Si les archéologues ont démontré que l'on pêchait déjà en Écosse sept siècles avant notre ère, il faut attendre le Moyen Âge pour voir le maquereau et le saumon écossais exportés jusqu'en Europe. Dès les débuts, l'Église puis l'État cherchent à contrôler et à taxer cette pêche miraculeuse, qui connaîtra son véritable essor au XIXe siècle, grâce au développement du rail. Le hareng, lui aussi, joue un rôle important à la même époque : facilement pêché et préparé en Écosse par des armées de jeunes femmes que l'on emploie au nettoyage des poissons et à leur conditionnement dans des tonneaux de sel, il s'arrache dans toute l'Europe et dans les colonies. Et ce, jusqu'à l'épuisement des fonds marins.

LA PÊCHE DURABLE EN ÉCOSSE, C'EST POSSIBLE ?

La question de la durabilité de la pêche est inévitable quand on s'intéresse aux fonds marins écossais. Vos coquilles Saint-Jacques ont-elles été draguées par un chalutier ou choisies par la main d'un plongeur ? Difficile à dire : le meilleur indice sera sans doute le prix. Plongeurs et dragueurs ne travaillent pas loin les uns des autres.

Pour les fruits de mer comme pour les poissons, c'est l'organisme Marine Scotland qui est chargé de faire respecter les lois de la pêche afin de protéger les espèces. Mais certaines associations, comme Open Seas, déplorent les pratiques des grands industriels de la pêche. Sur leur site Internet, ils mettent à disposition cartes, calendriers des saisons et conseils pour consommer au mieux les produits de la mer écossais à échelle locale, et en ayant toutes les informations en main.

"A hungersome wame haes nae lugs."

« Ventre affamé n'a pas d'oreilles. »

PROVERBE POPULAIRE

Si les fish cakes sont traditionnellement faits à base d'églefin fumé, tout poisson aux saveurs corsées fait l'affaire. En France, le célèbre Label Rouge® distingue un produit de qualité. Le premier produit non français à avoir décroché ce label en 1992 est... le saumon d'Écosse ! Aujourd'hui, la France est le premier importateur de saumon écossais, mais attention, toutes les marques ne sont pas décorées du fameux label. Lorsque vous achetez votre poisson, choisissez un produit Label Rouge®, et renseignez-vous auprès de votre poissonnier.

Préparation : 30 minutes
Cuisson : 30 minutes

Fish cakes

Croquettes de saumon, sauce au raifort

Ingrédients pour 8 croquettes
pour 4 personnes

La sauce au raifort
12,5 cl de mayonnaise
1 cuil. à soupe de câpres finement hachées
1 cuil. à soupe de sauce raifort
1 cuil. à soupe de moutarde de Dijon (fine ou à l'ancienne pour une texture plus rustique)
1 petite échalote émincée
1 cuil. à soupe de persil haché

Les croquettes
350 g de saumon (environ 3 filets)
450 g de pommes de terre farineuses (type bintje) pelées et coupées en morceaux de 4 cm
2 cuil. à café de ketchup
2 cuil. à café de moutarde de Dijon
2 cuil. à soupe de persil haché
2 cuil. à soupe d'aneth haché
3 cuil. à café de farine tout usage (ou plus si besoin)
1 œuf battu
100 g de chapelure ou de croûtons émiettés
5 cuil. à soupe d'huile de tournesol ou autre huile de friture
1 pincée de sel et de poivre

Pour servir
Tranches de citron
Salade de cresson ou roquette

La sauce au raifort

Mélangez la mayonnaise, les câpres, la sauce raifort, la moutarde, l'échalote et le persil. On peut faire cette étape au robot mixeur pour une texture plus fine. Mettez dans un bol et réservez au réfrigérateur.

Les croquettes

Faites cuire le saumon à la vapeur pendant 10 minutes. Retirez la peau et découpez le poisson en morceaux grossiers. Réservez. Faites cuire les pommes de terre à la vapeur pendant 10 minutes. Laissez refroidir, puis écrasez-les à la fourchette. Mélangez dans un saladier les pommes de terre, le ketchup, la moutarde et les herbes avec le sel et le poivre. Ajoutez le poisson et mélangez légèrement pour ne pas avoir de trop petits morceaux. Avec les mains, formez 8 galettes. Disposez la farine, l'œuf battu et la chapelure dans trois assiettes creuses. Passez les croquettes une à une dans chacune des assiettes en commençant par la farine (tapotez pour enlever l'excès), puis l'œuf battu et enfin la chapelure. Faites chauffer l'huile dans une poêle. Pour savoir si l'huile est chaude, saupoudrez quelques miettes de chapelure, elles devraient commencer à brunir. Faites frire les croquettes 3 à 4 minutes sur chaque face jusqu'à ce qu'elles soient bien dorées. Laissez reposer sur une plaque de cuisson recouverte de papier absorbant. Servez avec la sauce au raifort, de la salade, des tranches de citron.

Notes

Ces croquettes se conservent 2 jours au réfrigérateur dans une boîte hermétiquement fermée. Elles se réchauffent à la poêle ou au four pour retrouver tout leur croquant. La sauce peut se préparer à l'avance. On peut aussi cuire les pommes de terre et le saumon la veille, puis préparer le reste des croquettes le jour même. Vous pouvez utiliser toutes sortes de poissons et aussi de la chair de crabe ou autre crustacé.

Version végétarienne

Remplacez le poisson par des légumes. Carotte, chou-fleur, citrouille ou courge butternut feront d'excellentes croquettes.

Cette soupe de crabe, très réputée dans le nord-est de l'Écosse, a un nom très intéressant. *Partan* est le mot gaélique pour le crabe, et *bree*, un mot en scots pour décrire une soupe. Tout est dit !

Préparation : 20 minutes
Cuisson : 30 minutes

Partan bree

Soupe de crabe

Ingrédients pour 4 personnes
200 g de chair de crabe
90 g de riz rond à risotto
50 cl de lait
1 oignon émincé
1 gousse d'ail émincée
1 branche de céleri finement hachée
1 carotte finement hachée
50 cl de bouillon de poisson ou de légumes
15 cl de crème liquide
1 cuil. à soupe de persil haché
Huile d'olive

Faites cuire le riz dans le lait pendant 12 minutes après ébullition. Réservez. Dans une sauteuse, faites revenir à feu moyen l'oignon et l'ail dans un peu d'huile d'olive pendant 5 minutes environ. Ajoutez le céleri et la carotte. Laissez mijoter à feu doux pendant 10 minutes en remuant de temps en temps jusqu'à ce que le mélange commence à caraméliser. Dans une grande cocotte, versez le lait et le riz, ajoutez les légumes cuits, le bouillon et la chair de crabe. Portez à ébullition et retirez du feu tout de suite après. Incorporez la crème liquide et mélangez. Passez la soupe au mixeur jusqu'à ce qu'elle soit bien crémeuse sans morceaux. Ajoutez le persil et servez dans des bols avec des oatcakes (voir recette p. 24).

Notes

Cette soupe est très épaisse et suffit à elle seule pour faire un repas complet. Elle se conserve jusqu'à 3 jours au réfrigérateur dans une boîte hermétiquement fermée et elle se congèle parfaitement (à consommer dans les 3 mois dans ce cas).

Préparation : 10 minutes
Cuisson : 35 minutes

Encore un plat simple et sain, dont l'origine du nom porte à confusion. Selon Garry Duthie, professeur de nutrition à l'université d'Aberdeen, les pêcheurs qui guettaient les saumons depuis le bord de la Tweed, une rivière qui coule dans la région des Borders, cuisaient leur poisson dans un récipient de métal, comparable à une bouilloire. On vous recommande, cependant, d'utiliser une bonne vieille cocotte !

Tweed kettle

Ragoût de saumon

Ingrédients pour 4 personnes
450 g de filet de saumon
Le jus d'1 citron
8 cl de vinaigre de cidre ou de vin
3 branches de romarin
3 branches de thym
1 cuil. à café de gros sel
½ cuil. à café de poivre
200 g de champignons frais coupés en morceaux
2 échalotes émincées
20 cl de vin blanc sec
30 g de beurre
Ciboulette pour servir

Préparez le court-bouillon dans une cocotte à fond épais : portez à ébullition 50 cl d'eau avec le vinaigre, le jus de citron, les herbes, le sel et le poivre. Placez les filets de saumon dans le court-bouillon et faites-les cuire pendant 5 minutes. Dans la partie la plus épaisse du filet, la couleur de la chair doit être rose pâle et opaque. Retirez le saumon, enlevez la peau, émiettez grossièrement la chair et réservez. Filtrez le bouillon pour récupérer le liquide, et réservez le court-bouillon. Dans la cocotte, faites revenir les champignons dans 15 g de beurre pendant 5 minutes et réservez. Faites ensuite revenir les échalotes dans le reste de beurre pendant 5 minutes. Versez le vin et 20 cl du court-bouillon. Laissez mijoter jusqu'à réduction de moitié. Ajoutez les champignons et le saumon. Laissez mijoter 1 minute pour tout réchauffer. Servez.

Notes

Ce plat se conserve jusqu'à 2 jours au réfrigérateur dans une boîte hermétiquement fermée, mais perd de sa texture et de sa saveur. Se déguste traditionnellement avec un clapshot (purée de pommes de terre et rutabaga – voir recette p. 98).

Cette soupe est la spécialité de la ville de Cullen, au nord de l'Écosse. Si l'on en croit l'une des légendes, les habitants de Cullen se seraient inspirés d'une soupe russe, dans laquelle ils auraient remplacé la viande par du poisson. Le poisson est cuit avec des pommes de terre, des poireaux (parfois), du lait et éventuellement de la crème, mais attention, ça fait débat, un peu comme pour la carbonara ! Régulièrement, le village de Cullen organise un concours de la meilleure soupe. Si vous réussissez notre recette, n'hésitez pas à vous inscrire !

Préparation : 15 minutes
Cuisson : 25 minutes

Cullen skink

Soupe de haddock

Ingrédients pour 4 personnes
- 900 g de haddock environ
- 500 g de pommes de terre cuites et réduites en purée
- 1 oignon finement émincé
- 1 litre de lait
- 1 botte de persil
- 2 cuil. à soupe d'huile
- Sel et poivre

Dans une cocotte à fond épais, faites revenir l'oignon dans l'huile pendant au moins 5 minutes à feu moyen. Réservez. Dans la même cocotte, faites chauffer le lait à petit bouillon, versez le persil émincé et le haddock. Laissez cuire pendant 5 minutes en surveillant bien la cuisson car le lait a tendance à mousser et à déborder rapidement. Retirez délicatement le poisson à l'aide d'une écumoire et placez-le dans une assiette pour l'émietter, retirez les arêtes et morceaux de peau s'il y en a. Pendant ce temps, versez la purée de pommes de terre dans le lait assaisonné et fouettez vigoureusement pour bien la diluer. Si la soupe est trop épaisse à votre goût, diluez-la avec un peu d'eau. Remettez le poisson, portez à ébullition, puis laissez mijoter 1 minute. Ajustez l'assaisonnement mais gardez en tête que le haddock est déjà bien salé. Servez cette soupe garnie de feuilles de persil frais et accompagnée de oatcakes (voir recette p. 24).

Notes

Cette soupe ne se conserve qu'1 ou 2 jours au réfrigérateur dans une boîte hermétiquement fermée. Elle est simple et délicatement parfumée. Elle est parfaite en entrée.

Si vous avez l'impression qu'on appelle à peu près tout « scone », en Écosse, vous n'avez pas tout à fait tort. Les drop scones, ou pancakes écossais, portent ce nom car on laisse tomber la pâte directement sur une surface chaude à la différence d'autres scones, cuits au four. Dans cette recette, on vous propose d'incorporer du saumon fumé directement à la pâte. Notre conseil : choisir un saumon fumé d'Écosse porteur du Label Rouge®.

Préparation : 20 minutes
Repos : 30 minutes
Cuisson : 30 minutes

Smoked salmon drop scones

Pancakes au saumon fumé

Dans un bol, mélangez la farine et la levure. Ajoutez les œufs, le lait et le babeurre. Mélangez vigoureusement avec un fouet ou un batteur électrique. Ajoutez le saumon fumé et l'aneth. Laissez reposer 30 minutes au réfrigérateur. Faites chauffer un peu d'huile dans une crêpière et déposez de petits tas de pâte d'environ 8 cm de diamètre. Faites cuire chaque face pendant 3 à 4 minutes. Pour la sauce, mélangez la crème fraîche et la moutarde. Servez les pancakes chauds avec un peu de sauce dessus.

Notes

Ces pancakes se conservent 3 jours dans une boîte hermétiquement fermée au réfrigérateur. Ils sont délicieux servis avec des œufs brouillés et une salade lors d'un brunch.

Ingrédients pour 12 pancakes

225 g de farine
½ sachet de levure chimique
2 œufs battus
15 cl de lait
15 cl de babeurre (ou de yaourt nature)
130 g de saumon fumé découpé en petits morceaux
4 branches d'aneth ciselées
Huile

La sauce
10 cl de crème fraîche
2 cuil. à soupe de moutarde

Préparation : 15 minutes
Cuisson : 10 minutes

Aujourd'hui, la consommation de champignons dans les cuisines écossaises n'est pas aussi répandue que dans d'autres pays d'Europe. Cependant, la chanterelle est connue en Écosse, car elle pousse très bien dans ses forêts, surtout près des bouleaux et des pins. Selon le Woodland Trust, une association qui protège les forêts britanniques, les chanterelles sont dégustées en Écosse depuis le XVIe siècle. Associées à la cuisine française, elles sont devenues un symbole de richesse. Encore aujourd'hui, ces champignons restent très chers, car ils ne peuvent pas être cultivés.

Pan fried scallops with mushrooms and whisky sauce

Noix de Saint-Jacques sautées aux champignons, sauce au whisky

Ingrédients pour 2 personnes
8 à 10 noix de Saint-Jacques
1 oignon finement émincé
100 g de chanterelles nettoyées
100 g d'épinards équeutés
1 cuil. à soupe de whisky
3 cuil. à soupe de beurre
1 cuil. à soupe d'huile
Sel et poivre

Pour les légumes, faites revenir l'oignon dans une sauteuse avec 1 cuillerée à soupe de beurre à feu moyen pendant 5 minutes jusqu'à ce qu'ils soient transparents. Ajoutez les champignons et laissez cuire pendant 2 minutes pour les ramollir. Versez les feuilles d'épinards et faites cuire à feu vif pendant 2 minutes pour bien libérer les jus. Ajoutez 1 demi-verre d'eau pour délayer le tout. Salez et poivrez à votre goût. Versez les légumes dans une passoire pour récupérer le jus. Réservez les légumes. Pour la sauce, faites fondre 2 cuillerées à soupe de beurre dans une casserole avec le jus des légumes et le whisky. Faites cuire à petit bouillon pendant 5 minutes pour épaissir la sauce et réservez au chaud. Pour la cuisson des noix de Saint-Jacques, faites chauffer la sauteuse à feu vif, versez l'huile et, lorsque la poêle est bien chaude, faites-y sauter les noix de Saint-Jacques 2 à 3 minutes de chaque côté pour les faire brunir. Baissez le feu et finissez la cuisson. Dressez les légumes dans les assiettes, déposez les noix de Saint-Jacques dessus et arrosez le tout de sauce. Servez tout de suite.

Note

Ce plat ne se conserve pas très bien, il vaut mieux le déguster aussitôt.

Avec huit enseignes déclarées « meilleur fish & chips shop du Royaume-Uni », l'Écosse n'a pas à rougir de ses talents de friture face au voisin anglais. Parmi ces adresses, on retient le Fish Bar d'Anstruther, dans le Fife, et Frankie's, dans l'archipel des Shetland. Vraiment, ils valent le détour. Notons quand même que deux « chippies » écossais portent le nom « The Plaice to Be ». Vous l'avez ? Plaice en anglais, désigne la plie, ou le carrelet, ce poisson plat assez commun en France et en Belgique.

Préparation : 1 heure
Repos : 1 heure
Cuisson : 30 minutes

Fish and chips

Poisson frit et frites

Ingrédients pour 4 personnes

4 filets de poisson blanc de 200 g chacun (morue, églefin, goberge ou colin)
1,5 kg de frites à cuire au choix
Huile de friture

La pâte à frire
45 cl de bière blonde amère
1 cuil. à café de sucre
1 ½ cuil. à café de levure sèche de boulanger
250 g de farine
100 g de farine de riz
½ cuil. à café de sel

La sauce tartare
150 g de mayonnaise
2 cuil. à café de sauce raifort
3 cornichons finement émincés
1 cuil. à café de moutarde de Dijon
1 poignée de persil émincé

La purée de petits pois
300 g de petits pois
30 g de beurre
1 cuil. à café de sucre en poudre

Faites tiédir 7,5 cl de bière pour qu'elle atteigne 35 °C. Dans un bol, mélangez la bière avec la levure et le sucre. Agitez bien et laissez reposer 10 minutes, le temps qu'une mousse se forme sur le dessus. Cela veut dire que la levure est active. Dans un saladier, mélangez les deux farines, le sel, le reste de bière et le mélange de levure activée. Couvrez avec du film alimentaire et laissez reposer pendant 1 heure environ.

La sauce tartare

Mélangez tous les ingrédients dans un bol et réservez au frais.

La purée de petits pois

Faites bouillir les petits pois dans une casserole pendant 10 minutes et égouttez-les. Dans un saladier, mélangez les petits pois, le beurre et le sucre. Écrasez grossièrement avec un presse-purée pour former la purée. Réservez et réchauffez au moment de servir.

Les frites

Préparez les frites selon la méthode de votre choix. Pour les garder chaudes et croustillantes, mettez-les dans un plat au four à 120 °C (th. 4) le temps de frire les poissons.

Les poissons frits

Attention ! Manipuler de l'huile bouillante est dangereux. Prenez vos précautions. Utilisez un thermomètre à friture ou, encore mieux, une friteuse électrique. Retirez le panier de la friteuse. Faites chauffer l'huile à 160 °C. Essuyez l'excès d'humidité des filets et saupoudrez-les légèrement de farine. Faites frire les filets un à un pour ne pas diminuer la température de l'huile. Trempez les filets dans la pâte à frire et déposez-les délicatement dans l'huile chaude. Laissez cuire 6 minutes en retournant au bout de 3 minutes. Servez les frites avec le poisson, la sauce tartare et un peu de purée de petits pois.

Notes

Les frites et le poisson sont meilleurs mangés tout de suite. La sauce tartare se conserve 2 semaines au frais et la purée de petits pois 1 semaine au frais.

"Today's rain is tomorrow's whisky."

« La pluie d'aujourd'hui est le whisky de demain. »

PROVERBE POPULAIRE

L'abécédaire des HIGHLANDS

A *comme* AYE

Prononcé comme dans « aïe aïe aïe », ce petit mot est très utile en Écosse : « aye », qui signifie simplement « oui ». Si l'on vous demande si vous voulez une deuxième portion de cranachan (lire p. 140), répondez tout simplement « oh aye ». Évidemment.

B *comme* BRUYÈRE

La bruyère écossaise, revêche et résistante aux grands froids, recouvre les collines des Highlands. Blanche, rose ou violette, elle fleurit en été, pour le plus grand plaisir des apiculteurs.

C *comme* CERF

Les cerfs et les autres cervidés pourraient être plus d'un million en Écosse. S'ils incarnent complètement l'image de l'Écosse romantique, ils sont en fait... trop nombreux. Puisqu'ils n'ont pas de prédateur, ils sont vraiment devenus les monarques de la vallée.

D *comme* DRUMNADROCHIT

Ce petit village accueille énormément de visiteurs... Pour la simple et bonne raison qu'il se trouve au bord du loch Ness, et non loin du célèbre château d'Urquhart.

E *comme* EAU

Entre les lochs, les rivières et les fleuves, l'Écosse comptabilise plus de 90 % de l'eau douce du Royaume-Uni. Largement de quoi ajouter quelques gouttes dans son whisky...

F *comme* FERRY

Véritables traits d'union entre les îles écossaises et le continent, les ferries écossais sont accessibles à pied, à vélo, en voiture... Majestueux, lents, on s'y trouve coupé du monde, bien trop occupé à guetter les dauphins.

G *comme* GAÉLIQUE

Le gaélique est l'une des trois langues écossaises, avec le scots et l'anglais. Surtout parlé dans l'ouest de l'Écosse par environ 60 000 personnes, il a le vent en poupe et de plus en plus d'artistes se réapproprient cette belle langue.

H *comme* HÉBRIDES

Ce joli nom donné aux îles de l'ouest de l'Écosse (les Hébrides intérieures, près de la côte, et les Hébrides extérieures, plus loin) était déjà mentionné par les Romains, présents en Écosse aux Ier et IIe siècles. Parmi la quarantaine d'îles, dont beaucoup ne sont pas habitées, on retrouve bien sûr Skye, Islay et ses distilleries, Lewis et Harris et leurs plages infinies.

I *comme* INVERNESS

La capitale des Highlands est un très bon point de chute pour rayonner dans la campagne environnante. À proximité, il ne faut pas manquer le très émouvant champ de bataille de Culloden, où les troupes jacobites furent battues par l'armée du duc de Cumberland au XVIIIe siècle.

J
comme
JACOBITE

En visitant les Highlands, impossible de louper les révoltes jacobites. Aux XVIIe et XVIIIe siècles, ces hommes et ces femmes, pas forcément écossais, revendiquaient le retour d'un monarque catholique de la lignée des Stuart sur le trône britannique. Le mouvement fut stoppé net en 1746, avec la bataille de Culloden.

K
comme
KELPIES

Les plus grandes statues équestres du monde ont été conçues par l'artiste Andy Scott. Il a représenté des kelpies, ces chevaux aquatiques mythiques qui vivraient dans les lochs écossais. L'artiste rend également hommage aux chevaux de trait qui travaillaient le long des canaux reliant Glasgow, à l'ouest, et Édimbourg, à l'est.

L
comme
LOUTRE

Certains panneaux de signalisation préviennent les automobilistes : attention, les loutres sont là ! Très présentes sur la côte ouest et dans les îles, on peut aussi croiser ces petits animaux dans les rivières. On estime qu'elles sont plus de 8 000 en Écosse.

M
comme
MUNRO

L'Écosse compte 282 munroes, ces montagnes qui font plus de 3 000 pieds, soit 914 mètres. Plus de 6 000 personnes peuvent se targuer de les avoir toutes escaladées au moins une fois. Ce nom rend hommage à Hugh Munro, l'alpiniste qui les répertoria toutes.

N
comme
NESSIE

Sans doute l'Écossaise la plus connue de par le monde ! Traquée depuis des décennies – si ce n'est des siècles –, Nessie est un monstre marin qui vit, selon la légende, dans le loch Ness. Tout aussi mythique, ce loch est le plus volumineux du Royaume-Uni. Il contient d'ailleurs plus d'eau que tous les lacs anglais et gallois réunis.

O
comme
OUTLANDER

La série littéraire et télévisée, sortie tout droit de l'imagination de l'autrice américaine Diana Gabaldon, a eu l'effet d'une tornade sur le tourisme écossais. Les lieux de tournage de la série, ainsi que les endroits qui ont inspiré la romancière, sont aujourd'hui visités par des dizaines de milliers de passionnés venus du monde entier. Jamais l'histoire écossaise n'a été si populaire...

P
comme
PASSING PLACE

Petite leçon de conduite : dans les Highlands, certaines routes sont juste assez larges pour permettre à un véhicule de passer. Pour se croiser, il faut donc utiliser les « passing places », ces protubérances de macadam qui jalonnent la route. C'est une question de savoir-vivre au volant.

Q
comme
QUEEN

Dans les Highlands, la famille royale est très attachée à son château de Balmoral, dans les environs du village de Braemar, au cœur du parc naturel des Cairngorms. C'est la reine Victoria qui, après un coup de cœur pour la région, se fit offrir ce château par son mari. Aujourd'hui, la reine Elizabeth et ses enfants s'y rendent au moins une fois par an.

R
comme
RANDONNÉE

Ce n'est pas une surprise, l'Écosse est un formidable terrain de jeux pour les randonneurs. L'itinéraire le plus populaire est sans doute la West Highland Way : 154 kilomètres, parcourus en cinq ou six jours, entre le nord de Glasgow et Fort William. Pour ceux qui préfèrent la mer, on recommande le Fife Coastal Path et ses 187 kilomètres de chemins côtiers.

S
comme
SHETLAND

Embarquez à Aberdeen le soir, réveillez-vous dans les Shetland, cet archipel si septentrional qu'il sort parfois de la carte. Plus proche de Bergen, en Norvège, que d'Édimbourg, la petite ville de Lerwick, dans les Shetland, se revendique comme la capitale de l'héritage viking en Écosse.

T
comme
TOURBE

Ah, ce petit goût âcre dans un verre de whisky ou dans l'air hivernal des villages des Highlands... Longtemps utilisée comme un combustible peu onéreux, la tourbe est aujourd'hui l'apanage des distilleries de whisky qui l'utilisent pour sécher et parfumer leur grain, avant distillation.

U
comme
ULLAPOOL

Ce petit port de pêche, construit sur plan au XVIIIe siècle, est aujourd'hui l'une des portes d'entrée de l'archipel des Hébrides extérieures, puisqu'on peut y prendre le ferry pour l'île de Lewis et Harris. C'est aussi un lieu très agréable où faire une pause si l'on s'est lancé dans l'aventure de la NC500, cet itinéraire routier de 800 kilomètres qui longe la côte dans le nord-ouest du pays.

V
comme
VACHE DES HIGHLANDS

Les vaches des Highlands, avec leur dégaine rock'n'roll, sont sans doute les animaux les plus photographiés en Écosse. Avec leur robe épaisse, elles peuvent résister à des températures très basses et passent facilement l'hiver dehors.

W
comme
WHISKY

Plus de 130 distilleries en Écosse produisent du whisky, et bon nombre d'entre elles sont dans les Highlands. Si certaines produisent des quantités astronomiques de ce précieux liquide, d'autres, comme celle d'Edradour, ne font que quelques dizaines de milliers de bouteilles par an.

X
comme
X-CRAFTS

LES SOUS-MARINS DE CLASSE X

Petite anecdote historique : en 1943, de minuscules sous-marins (moins de 16 mètres de long et 2 mètres de diamètre) conçus par la marine britannique furent lancés, depuis une petite baie du nord-ouest de l'Écosse, pour aller attaquer *Tirpitz*, le plus grand sous-marin allemand. Un monument en mémoire de cet événement a été érigé près du pont de Kylesku.

Y
comme
YES

Même si le dernier référendum sur l'indépendance de l'Écosse remonte à 2014, il reste encore, sur plusieurs fenêtres, à la ville ou à la campagne, des drapeaux portant le mot « Yes ». En attendant le prochain appel aux urnes ?

Z
comme
ZIGZAG

Pas étonnant que James Bond aime bien conduire en Écosse, tant les routes écossaises forment souvent d'étroits lacets. La vue la plus connue est sans doute cette descente vers Applecross, dans le nord-ouest du pays.

VIANDES

LE CELLIER ÉCOSSAIS
la place de la viande

Bœuf, agneau, poulet, gibier : pour les grandes comme les petites occasions, la viande a une place de choix sur les tables écossaises. Mais, pendant longtemps, ce mets était réservé aux élites.

Aujourd'hui, elle est toujours très prisée, même à l'étranger. En 2019-2020, près de 18 000 tonnes de viande rouge écossaise ont été exportées. Selon Quality Meat Scotland, l'organisme qui représente le secteur, 25 % de la viande rouge était consommée sur place en 2019. Environ 65 % était acheminé dans le reste du Royaume-Uni, et 11 % à l'étranger.
La viande écossaise la plus connue est sans doute le bœuf Aberdeen Angus, avec sa robe noir de jais et la saveur particulière de sa viande. Si la race originelle, établie officiellement au XIXe siècle, était nourrie exclusivement d'herbe, aujourd'hui, ce n'est plus nécessairement le cas, surtout en Amérique.

Un agneau à la qualité certifiée

L'agneau écossais, lui aussi, est reconnu partout pour sa haute qualité. Vous le retrouverez dans nos recettes en p. 68, 77 et 86. Depuis 1996, l'agneau porteur du label « Scotch Lamb », établi par l'Union européenne, garantit que l'animal vient d'Écosse et que les conditions d'élevage ont été surveillées de près.

Le gibier toujours bien en vue

Enfin, le gibier écossais a le vent en poupe depuis le XIXe siècle, quand l'aristocratie britannique venait chasser dans les grands domaines écossais. Nous avons choisi de le mettre en valeur avec notre recette de faisan au cidre (p. 80) et notre casserole de biche (p. 71). Aujourd'hui, la viande de biche ou de cerf peut se trouver facilement chez les bouchers écossais. D'élevage ou provenant de la chasse, cette viande reste relativement chère et peu consommée au quotidien.

Du bœuf, de l'agneau… mais peu de porc

Étonnamment absent des recettes classiques, le porc n'a sa place que sur l'assiette du petit déjeuner, sous forme de bacon grillé ou de saucisses, une addition par ailleurs relativement récente. Pourquoi ? La faute à de très anciennes superstitions, selon le journaliste Donald Alexander Mackenzie, qui écrit un essai sur le sujet. Cette aversion pour le porc, plus forte dans les Highlands que dans la ceinture urbaine de l'Écosse, explique-t-il, est parfois due à la mauvaise image de l'animal (on le décrit comme sale, porteur de maladies ou diabolique), aux croyances des marins (voir un porc avant un voyage en mer porterait malheur), ou serait tout simplement due à des contraintes économiques, le porc ayant été un animal cher à nourrir. Aujourd'hui, on croise plusieurs élevages dans la région des Borders, voisine de la frontière anglaise.

Les Écossais aiment-ils la viande ?

Toujours selon Quality Meat Scotland, les Écossais mangent moins d'agneau et de porc que leurs voisins britanniques, mais plus de bœuf. Mais, de manière générale, quand l'Écossais moyen ne consommait que 66 kg de viande en 2019, le voisin britannique, lui, en consommait près de 73 kg. Et là, on ne parle pas nécessairement de viande écossaise, car une part importante de la viande consommée au Royaume-Uni est importée. Paradoxes, paradoxes…

101505
501988
101505
501988

Qui dit Écosse, dit HAGGIS

Il y a fort à parier que, si on vous dit « cuisine écossaise », vous répondiez « haggis ». Ce plat, qui ne laisse personne indifférent, est d'une simplicité déconcertante. Si l'on aime parfois plaisanter sur son aspect peu photogénique, tous les amateurs s'accordent sur la richesse et le parfum du haggis écossais, devenu le symbole de toute la gastronomie écossaise.

L'histoire du haggis

Ne comptez pas sur nous pour donner une origine précise du haggis, ces abats de mouton mélangés à de l'avoine et à des épices, cuits dans une panse, que l'on sert avec une purée de navets et une autre de pommes de terre. Ce qui est certain, c'est que la technique de conserver des abats de mouton en les cuisant dans une panse animale n'est pas écossaise : on l'utilisait en Angleterre, bien sûr, et dans plusieurs autres régions du monde. Mais en Écosse, ce plat – parfois considéré comme ingrat dans d'autres cultures – a été mis en avant. Et c'est sous l'impulsion du poète Robert Burns, et de son poème *L'adresse au Haggis*, que ce mets particulier s'est retrouvé sous les projecteurs.

Depuis la fin du XVIIIe siècle, tous les 25 janvier, on fête l'anniversaire de Robert Burns. Ce soir-là, on prépare des haggis dans tous les foyers ou presque. Et, avant d'attaquer le festin, on récite de beaux vers de Burns, que les Écossais apprennent par cœur à l'école. Un véritable rituel qui a franchi les frontières du pays et qui a érigé au niveau de plat national notre haggis sans prétention.

Préparer votre haggis

Oui, c'est osé : ce livre de recettes ne propose pas la recette du haggis. Tout simplement parce que personne ne prépare son haggis, on l'achète simplement à la boucherie. Hors d'Écosse, il est possible de trouver le haggis conditionné en boules de 500 grammes ou en conserve. Ceux qui mettront la main sur l'un de ces trésors pourront tout simplement suivre notre recette du haggis végétarien (p. 94), puisque les accompagnements et la sauce sont identiques et le haggis n'a qu'à être emballé dans de l'aluminium et bouilli le temps indiqué sur l'emballage.

Le haggis est traditionnellement servi avec deux purées, mais là aussi, toute alternative est la bienvenue ! On vous recommande, par exemple, d'ajouter des panais, autre légume-racine commun en Écosse. Et enfin, pour lier tout ça, notre sauce au whisky apportera une touche d'onctuosité. À servir très chaud, entre deux poèmes...

Burns et le haggis

Paul Malgrati est chercheur en littérature écossaise à l'université de Glasgow. Sa spécialité, c'est l'œuvre de Robert Burns, et surtout l'héritage culturel du poète écossais.

Paul, quelle est la place tenue par la nourriture dans l'œuvre de Burns ?

Chez Burns, la cuisine a une place importante, dans le contexte d'un patriotisme gastronomique. C'est très politique : nous sommes juste après l'Acte d'Union, moment où l'Écosse perd son Parlement. Il y a un certain mouvement anti-écossais, où les Écossais sont dépeints comme pauvres, mal habillés, mangeant frugalement. On retrouve une réaction dans la poésie, notamment chez Robert Fergusson, à ce qui est perçu comme une attaque de la nourriture écossaise.

Dans *L'adresse au Haggis*, que nous dit Burns de ce plat si particulier ?

Burns décrit d'abord le haggis comme un plat rigolo et cocasse. Mais c'est aussi un plat socialement connoté, qui reflète la paysannerie écossaise et sa pauvreté. Il présente également le haggis comme un plat pour les hommes forts, les guerriers. C'est le plat de ceux qui vont aller se battre, à l'aube des guerres en Amérique et des guerres napoléoniennes. Et enfin, c'est aussi, pour Burns, un plat patriotique. Il se moque d'ailleurs de la gastronomie française et tient un discours très « anti-latin ».

BURNS EN DEUX MINUTES

Né en 1759, au sein d'une famille paysanne de l'Ayrshire, au sud-ouest du pays, Robert Burns est plutôt destiné au travail de la terre qu'à celui des mots. Son père, après l'avoir fait travailler sur la ferme toute la journée, lui fait suivre des cours du soir. Cette éducation révèle son talent pour l'écriture, et le jeune poète parvient à se faire publier à Édimbourg dès 1787. Ses textes, en anglais ou en scots, parlent autant d'amour que de politique. Bien que Burns décède pauvre et sans le sou à 37 ans, ses écrits sont restés chers au cœur des Écossais, siècle après siècle. Si vous avez déjà fredonné « Ce n'est qu'un au revoir, mon frère », alors vous connaissez l'air de "Auld Lang Syne", une vieille ballade réécrite par Robert Burns.

À votre avis, pourquoi le haggis occupe-t-il toujours autant les imaginaires aujourd'hui ?

Après la révolution industrielle, on assiste à une nostalgie de la société paysanne, et le haggis devient un « plat d'antan », auquel on ajoute tout un rituel, que l'on retrouve notamment dans les Burns Supper, qui ont lieu en Écosse et partout dans le monde chaque année autour du 25 janvier. On considère que 9 millions de personnes dans le monde participent à un événement en lien avec Burns chaque année.

Simples comme bonjour, les sausage rolls font partie des en-cas classiques, à manger sur le pouce. La chaîne Greggs en vendrait plus de 2,5 millions par semaine et a récemment sorti la version végane de cet immanquable du paysage culinaire britannique. Impossible de dire, bien sûr, quelle culture, quelle gastronomie, a inventé le concept d'enrouler de la viande dans de la pâte. Si aujourd'hui, l'usage de la pâte feuilletée s'est généralisé, il semblerait que de la pâte brisée ait également été utilisée avant le XIXe siècle.

Préparation : 15 minutes
Cuisson : 25 minutes

Scottish sausage rolls

Friands aux saucisses

Ingrédients pour 12 friands environ

- 2 rouleaux de pâte feuilletée pur beurre (environ 250 g chacun)
- 500 g de bœuf haché (ou un mélange porc/bœuf au choix)
- 100 g de chapelure ou de pain rassis émietté
- 1 cuil. à café de gros sel
- ½ cuil. à café de poivre en grains concassés
- ½ cuil. à café de coriandre moulue
- ½ cuil. à café de noix de muscade
- 1 œuf battu pour recouvrir et sceller les friands

Préchauffez le four à 180 °C (th. 6). Dans un saladier, mélangez le sel, les épices et la chapelure. Ajoutez la viande et malaxez bien le tout avec les mains. Si le mélange est trop dense, déliez avec un peu d'eau. La chair à saucisse doit être compacte et bien se tenir, elle ne doit pas se désagréger ni être trop humide. Divisez la farce en 12 bûches. Étalez les rouleaux de pâte feuilletée et découpez des rectangles de la même longueur que les saucisses mais assez larges pour s'enrouler autour. Pour éviter que la pâte feuilletée ne s'ouvre pendant la cuisson, il faut les sceller de cette manière : disposez la saucisse au milieu du rectangle de pâte, puis rabattez le bord gauche sur le bord droit. Vous devez avoir une bordure d'environ 1 cm de large de chaque côté le long de la saucisse. Scellez bien la pâte en appuyant avec une fourchette pour créer des indentations. Badigeonnez les friands d'œuf battu à l'aide d'un pinceau et faites des entailles sur le dessus. Disposez-les sur une plaque de cuisson et enfournez à four chaud pour 25 minutes environ. Les sausage rolls se dégustent chauds ou à température ambiante.

Note

Ces friands se conservent au réfrigérateur dans une boîte hermétiquement fermée pendant 5 jours. Ils peuvent aussi être congelés avant la cuisson. Traditionnellement on les mange pour le petit déjeuner, sur le pouce pour un en-cas, ou au déjeuner avec une salade.

Version végétarienne

Optez pour des saucisses végétales ou faites votre propre chair à saucisse avec des légumes coupés très finement ; carottes, oignons, courges, chou-fleur, champignons fonctionnent très bien.

L'agneau est l'une des viandes les plus consommées en Écosse, mais aussi l'une des plus produites et des plus exportées. Depuis 1996, l'agneau écossais est protégé par un label européen. L'origine des viandes étiquetées du label bleu Scotch Lamb est garantie : les agneaux sont nés et ont été élevés dans une ferme écossaise qui obéit à des critères de qualité.

Préparation : 15 minutes
Cuisson : 1 heure environ

Lamb and winter vegetables stew

Casserole d'agneau aux légumes d'hiver et à l'orge perlé

Ingrédients pour 6 personnes
- 500 g d'agneau haché
- 1 oignon finement émincé
- 2 gousses d'ail finement émincées
- 2 carottes pelées et finement hachées
- 1 poireau découpé en petits morceaux
- 1 branche de céleri coupée finement
- 1 cuil. à café de cannelle en poudre
- 1 cuil. à café de paprika en poudre
- 1 cuil. à café de coriandre moulue
- 1 cuil. à soupe de mélasse noire
- 200 g d'orge perlé
- 75 cl de bouillon de légumes
- Quelques feuilles de menthe fraîche
- 3 cuil. à soupe d'huile d'olive

Dans une grande cocotte à fond épais, faites revenir l'oignon et l'ail dans un peu d'huile d'olive à feu moyen pendant quelques minutes jusqu'à ce que l'oignon soit translucide. Ajoutez les carottes, le poireau et le céleri et laissez cuire pendant 10 minutes. Les légumes doivent commencer à caraméliser. Pendant ce temps, faites cuire la viande d'agneau dans une poêle avec un peu d'huile, puis ajoutez-la aux légumes une fois cuits. Intégrez les épices : cannelle, paprika, coriandre et mélasse noire. Remuez bien. Versez l'orge perlé et le bouillon de légumes. Portez à ébullition et laissez mijoter à couvert pendant au moins 50 minutes. Vérifiez régulièrement le niveau d'eau à partir de 30 minutes de cuisson et ajoutez-en un peu si besoin. Parsemez de menthe fraîche ciselée avant de servir.

Notes

Ce plat se conserve pendant 5 jours au réfrigérateur dans une boîte hermétiquement fermée. La menthe et l'agneau sont très souvent dégustés ensemble car ce mélange est très savoureux ! Cette recette n'est pas typique en soi mais elle est réalisée avec des ingrédients très communs en Écosse.

Version végane

Utilisez du tofu ferme, du tempeh ou un mélange de champignons. Diminuez le temps de cuisson à 30 minutes.

Préparation : 20 minutes
Cuisson : 1 h 30 environ

Le cerf et la biche, des espèces endémiques en Écosse, n'ont aujourd'hui plus aucun prédateur – les loups ayant disparu – et peuvent s'observer très facilement dans la nature. Quand leur viande se retrouve chez le boucher, elle provient de la chasse ou de l'élevage, mais elle reste relativement rare et chère. Par ailleurs, il n'est pas toujours facile de savoir s'il s'agit de viande de cerf... ou de biche ! Dans les spécialités écossaises, le gibier reste un mets de choix, à réserver pour les grandes occasions.

Deer, juniper and chestnuts casserole

Casserole de biche aux marrons et baies de genièvre

Ingrédients pour 5 personnes
- 600 g de biche à braiser (jambes, épaules) coupés en morceaux de 4 cm environ
- 250 g de champignons frais nettoyés
- 100 g de marrons cuits et épluchés
- 2 oignons coupés en lamelles
- 4 gousses d'ail grossièrement hachées
- 1 branche de céleri finement émincée
- 4 branches de thym émincées
- 1 cuil. à café de baies de genièvre séchées concassées
- 2 carottes épluchées et coupées en gros morceaux
- 1 cuil. à soupe de concentré de tomate
- 1 cuil. à soupe de farine
- 10 cl de bouillon de bœuf
- 10 cl de porto
- 2 cuil. à soupe d'huile
- 10 g de beurre

Dans une grande cocotte à fond épais, faites revenir les champignons dans le beurre pendant 5 minutes et réservez. Dans la même cocotte, faites revenir les morceaux de biche dans l'huile quelques minutes à feu vif pour que tous les côtés soient bruns. Réservez mais gardez l'huile dans la cocotte. Faites cuire les oignons, l'ail, le céleri, le thym et les baies de genièvre pendant 10 minutes à feu moyen-doux. Ajoutez les carottes, la viande, le concentré de tomate et la farine. Mélangez bien afin que tout soit homogène, puis versez le bouillon et le porto. Portez à ébullition, couvrez et laissez cuire à petit bouillon pendant 40 minutes. Intégrez les marrons et les champignons, laissez cuire pendant 30 minutes à feu doux, à couvert. Servez avec des tagliatelles.

Note
Le ragoût se conserve 5 jours au réfrigérateur dans une boîte hermétiquement fermée.

Version végane
Remplacez la biche par un mélange de champignons et haricots blancs (en conserve pour une version rapide), et remplacez le beurre par de la margarine. Faites cuire pendant 40 minutes environ.

Plutôt achetée chez le boucher que fabriquée à la maison, la steak pie est traditionnellement dégustée le 1er janvier en Écosse. La version « steak and ale » est plus moderne. Une querelle de clocher oppose ceux qui veulent cuire la farce et la croûte ensemble et ceux qui préfèrent précuire la viande. Pour mettre toutes les chances de votre côté, nous avons tranché : il est plus facile de précuire la farce et de la passer au four recouverte de pâte ensuite.

Préparation : 30 minutes
Cuisson : 3 heures environ

Steak and ale pie

Tourte au bœuf et à la bière brune

Ingrédients pour 8 personnes
1 pâte feuilletée
1 kg de bœuf à braiser (paleron, macreuse, gîte à la noix) coupé en morceaux
30 g de farine
120 g de shiitakés frais coupés en petits morceaux sans le pied
3 oignons tranchés en lamelles grossières
1 cuil. à soupe de sucre en poudre
3 cuil. à soupe de vinaigre balsamique
10 branches de thym finement émincées
4 gousses d'ail finement émincées
2 carottes coupées en rondelles
2 branches de céleri coupées en tronçons
30 cl de bouillon de bœuf
30 cl de bière brune type Guinness®
1 cuil. à soupe de concentré de tomate
1 œuf battu
30 g de beurre
5 cuil. à soupe d'huile

Toutes les étapes se cuisent dans la même cocotte. Dans un saladier, mélangez la farine et les cubes de viande. Ils doivent être recouverts d'une fine couche. Réservez la farine non utilisée pour l'ajouter dans le ragoût plus tard. Dans une grande cocotte à fond épais, faites chauffer 1 cuillerée à soupe d'huile et saisir un tiers des cubes de viande jusqu'à ce que tous les côtés soient bruns. Réservez dans un saladier. Recommencez l'opération avec le reste de viande. Faites ensuite revenir les champignons avec la moitié du beurre pendant 4 à 5 minutes. Réservez avec la viande. Faites chauffer 1 cuillerée à soupe d'huile et l'autre moitié du beurre avec les oignons, un filet de vinaigre balsamique et le sucre. Laissez cuire à feu moyen-doux pendant environ 15 minutes en remuant régulièrement. Les oignons doivent être transparents et recouverts d'une fine couche caramélisée. Réservez avec la viande et les champignons. Faites chauffer 1 cuillerée à soupe d'huile avec l'ail, les carottes et le céleri. Laissez cuire pendant 10 minutes à feu doux. Intégrez alors la viande, les champignons et les oignons caramélisés. Ajoutez la bière, le bouillon de bœuf, le reste de farine et le concentré de tomate. Mélangez bien et portez à ébullition. Couvrez et laissez cuire à feu très doux pendant 2 heures. Surveillez de temps en temps que le fond n'attache pas et que l'eau ne s'évapore pas trop vite. Ajoutez un peu d'eau si besoin. Préchauffez le four à 180 °C (th. 6). Versez le ragoût dans un grand plat à gratin (ou plusieurs petits). Laissez un peu de marge pour que ça ne déborde pas. Déroulez la pâte feuilletée et faites un trou au milieu à l'emporte-pièce (environ 2 à 3 cm de diamètre). Étalez la pâte sur le plat en appuyant sur les rebords avec une fourchette. Badigeonnez la pâte d'œuf battu à l'aide d'un pinceau et enfournez à four chaud pour 35 à 40 minutes.

Notes

Cette tourte se conserve jusqu'à 5 jours au réfrigérateur. On peut congeler très facilement le ragoût dans une boîte hermétique.

Version végane

Remplacez le beurre par de la margarine, et la viande par du seitan, du tempeh ou des saucisses véganes coupées en petits morceaux. Omettez l'étape de cuisson de la viande et ajoutez votre substitut de viande et la farine au moment de mettre le bouillon. Ne faites alors pas cuire plus d'une heure. Utilisez une pâte feuilletée végane.

Ces chaussons fourrés, que l'on reconnaît à leur forme de demi-lune, sont la spécialité de la bourgade de Forfar, à l'est de l'Écosse. Deux histoires se disputent leur origine. On raconte, d'une part, que ce mets était servi dans les mariages de la région, au XIXe siècle. La forme serait ainsi inspirée du fer à cheval, un symbole de chance. Pour d'autres, les Forfar bridies étaient la spécialité d'une certaine Margaret Bridie, qui les vendait au marché de Forfar. Ce qui est certain, c'est que la boulangerie McLaren prépare des Forfar bridies depuis la fin du XIXe siècle.

Préparation : 20 minutes
Cuisson : 50 minutes

Forfar bridies

Chaussons fourrés

Ingrédients pour 6 chaussons

1 pâte brisée (recette p. 17, ou du commerce)
1 œuf battu

La farce à la viande
500 g de bœuf haché (ou de porc, ou un mélange des deux)
1 oignon finement haché
1 cuil. à café de cumin moulu
½ cuil. à café de noix de muscade
½ cuil. à café de poivre moulu
½ cuil. à café de sel
1 cuil. à café de vinaigre balsamique
1 cuil. à café de sauce soja
1 cuil. à soupe de farine
2 cuil. à soupe d'huile

La farce végétarienne
2 pommes de terre épluchées et coupées en cubes d'1 cm
1 carotte épluchée et finement émincée
1 oignon finement émincé
30 g de petits pois congelés
½ cuil. à café de sel
1 cuil. à café de curry en poudre ou de pâte de curry

La farce à la viande

Dans une poêle, faites revenir l'oignon dans l'huile pendant 5 minutes jusqu'à ce qu'il devienne translucide. Ajoutez la viande et laissez cuire à feu moyen-doux jusqu'à ce que la viande soit cuite. Intégrez le reste des ingrédients pour la farce et laissez mijoter pendant 3 minutes. Laissez refroidir avant de faire les chaussons.

La farce végétarienne

Faites cuire les pommes de terre dans une casserole d'eau bouillante non salée pendant 5 minutes. 2 minutes avant la fin de la cuisson des pommes de terre, versez la carotte émincée dans la casserole. Égouttez et laissez refroidir. Dans une poêle à fond épais, faites revenir l'oignon dans l'huile pendant 5 minutes jusqu'à ce qu'il devienne translucide. Ajoutez les pommes de terre, les carottes, les petits pois ainsi que le sel et le curry. Mélangez bien et laissez cuire pendant 3 minutes. Laissez refroidir.

Les chaussons

Préchauffez le four à 180 °C (th. 6). Étalez la pâte sur une épaisseur de 5 mm. Découpez 6 rectangles. Déposez 1 cuillerée à soupe de la farce de votre choix sur un des rectangles. Formez le chausson en repliant la pâte sur la farce. Scellez le chausson en repliant les bords pour former un boudin. Déposez les chaussons sur une plaque de cuisson et badigeonnez-les d'œuf battu à l'aide d'un pinceau, faites une incision sur le dessus pour laisser la vapeur s'échapper. Enfournez à four chaud pour 30 minutes.

Notes

On peut congeler les bridies avant la cuisson (il faudra ajouter 10 minutes de cuisson pour les cuire après). Ils se conservent 5 jours dans une boîte hermétiquement fermée au réfrigérateur. Réchauffez 15 minutes au four avant de consommer.

Préparation : 30 minutes
Cuisson : 3 heures environ

Selon l'*Encyclopædia Britannica*, les familles paysannes du sud de l'Écosse avaient l'habitude de préparer ce Parmentier d'agneau avec les restes du repas du dimanche, appelé le « Sunday roast ». Même si ce plat écope de l'appellation de « pie », il n'est pas recouvert de pâte comme sa comparse de la p. 72 mais d'une purée de pommes de terre. Et si vous vous demandez quelle est la différence avec la très britannique « cottage pie », sachez que celle-ci est faite traditionnellement avec du bœuf ou du porc. Mais comme on est sympas, on vous propose une alternative végétarienne en p. 104 !

Shepherd's pie

Tourte du berger ou Parmentier d'agneau

Ingrédients pour 6 à 8 personnes

Le ragoût d'agneau
700 g d'épaule d'agneau coupée en morceaux
1 oignon finement émincé
2 gousses d'ail finement émincées
3 carottes épluchées et coupées en morceaux
2 branches de céleri coupées en tronçons
1 gros poireau coupé en tronçons d'1 cm d'épaisseur
100 g de petits pois (frais ou surgelés)
1 cuil. à soupe de farine
2 cuil. à soupe de concentré de tomate
30 cl de vin rouge
20 cl de bouillon de bœuf
6 branches de romarin
2 cuil. à soupe de sauce Worcestershire (ou 1 cuil. à soupe de vinaigre balsamique + 1 cuil. à soupe de sauce soja)
3 cuil. à soupe d'huile d'olive

La purée
700 g de pommes de terre épluchées et coupées en morceaux
30 g de beurre
1 verre de lait
30 g de parmesan fraîchement râpé
Sel

Le ragoût d'agneau

Dans une cocotte à fond épais, faites revenir les cubes d'agneau avec 1 cuillerée à soupe d'huile à feu moyen. Faites bien brunir tous les côtés, puis réservez dans une assiette. Dans la même cocotte, faites cuire à feu moyen-doux l'oignon, l'ail, les carottes, le céleri et les poireaux dans 2 cuillerées à soupe d'huile pendant 10 minutes en remuant régulièrement. Ajoutez les petits pois et la farine, remuez bien. Intégrez ensuite le reste des ingrédients : la viande, le concentré de tomate, le vin rouge, le bouillon et les branches de romarin. Portez à ébullition, couvrez et laissez mijoter pendant 2 heures à feu très doux. Enlevez les branches de romarin et incorporez la sauce Worcestershire (ou le mélange sauce soja et vinaigre balsamique). Versez dans un grand plat à gratin, à la moitié de la hauteur. Laissez refroidir.

La purée

Préchauffez le four à 180 °C (th. 6). Faites cuire les pommes de terre dans une grande casserole d'eau salée pendant 15 minutes après ébullition. Égouttez et réduisez-les en purée avec le beurre. Versez un peu de lait afin d'avoir une texture souple mais pas trop liquide. Étalez la purée dans le plat à gratin sur le ragoût. Recouvrez de parmesan râpé et enfournez à four chaud pour 35 minutes.

Notes

Il est important de bien laisser refroidir le ragoût dans le plat avant de le recouvrir de purée : elle s'étalera plus facilement et ne se mélangera pas avec le ragoût. Les portions sont généreuses, on peut congeler la moitié du ragoût et préparer la moitié de la quantité de purée pour un délicieux repas pour 2 à 3 personnes. Le Parmentier se conserve jusqu'à 3 jours au réfrigérateur.

L'origine du nom de ce plat est intéressante : *stovies* proviendrait du mot français « étuver », qui signifie cuire longuement à l'étouffée, avec un couvercle. Les stovies d'aujourd'hui sont sans doute l'héritage d'une tradition chère aux employés de maison des grandes familles : en fin de semaine, ils recevaient les restes de viande et les préparaient avec des légumes simples. Pour le poète William Soutar, qui écrivait aussi bien en anglais qu'en scots, la langue du sud et de l'est de l'Écosse, les stovies permettent de garder « forts et sains » les « hommes costauds » : « *Stovies for a muckle man / To keep him stout and hale* » (*Supper*, édité par Hugh MacDiarmid en 1948).

Préparation : 20 minutes
Cuisson : 1 h 40

Stovies

Casserole de bœuf et pommes de terre

Faites fondre la moitié du beurre dans une cocotte à fond épais et cuire les morceaux de viande jusqu'à ce qu'ils soient bien dorés sur tous les côtés, puis réservez. Dans la même cocotte, faites revenir les herbes de Provence et les oignons avec le reste du beurre à feu moyen-doux pendant 5 minutes, ou jusqu'à ce qu'ils soient tendres et translucides. Versez les carottes, le panais et le céleri et laissez cuire à feu moyen-doux pendant 5 minutes. Ajoutez la viande et le bouillon. Portez à ébullition et laissez cuire à feu doux à couvert pendant 1 heure. Intégrez les pommes de terre et laissez cuire pendant encore 30 minutes environ en remuant de temps en temps pour que ça n'accroche pas au fond de la cocotte. Les stovies sont cuits lorsque les pommes de terre commencent à s'effriter.

Notes

Pas besoin d'ajouter de sel si on utilise un bouillon déjà salé. Ce plat se conserve 3 jours dans une boîte hermétiquement fermée au réfrigérateur. Faites réchauffer au four ou au micro-ondes de préférence car cela va attacher. Vous pouvez diluer les restes dans un peu d'eau pour en faire une délicieuse soupe.

Version végétarienne

Remplacez la viande par les légumes de votre choix ; choux, courges et potirons sont particulièrement adaptés car ils sont bien fermes !

Ingrédients pour 4-5 personnes
500 g de bœuf à braiser (macreuse ou paleron) coupé en gros cubes
4 grosses pommes de terre (environ 700 g) coupées en gros cubes (la variété importe peu)
1 cuil. à café d'herbes de Provence ou de romarin
2 oignons finement émincés
2 carottes larges coupées en cubes de 3 cm
1 panais coupé en cubes de 3 cm
2 branches de céleri coupées en petits morceaux
50 cl de bouillon de bœuf
30 g de beurre

Selon la RSPB, une association qui protège les oiseaux du Royaume-Uni, il y aurait plus de 3 millions de faisans dans tout le pays. Probablement introduit par les Romains, le faisan est un animal commun de la campagne britannique depuis le XVe siècle, bien qu'on ait encouragé sa multiplication au XIXe siècle, tant sa chasse était populaire. En Écosse, ils sont chassés d'octobre à janvier.

Préparation : 20 minutes
Cuisson : 1 h 50

Cider-braised pheasant breasts casserole

Poitrine de faisan au cidre

Ingrédients pour 5 personnes
- 650 g de poitrines de faisan (5 petites poitrines)
- 2 oignons coupés en larges rondelles
- 1 échalote grossièrement émincée
- 2 branches de céleri finement hachées
- 1 poireau finement émincé
- 3 branches de thym émincées
- 2 carottes épluchées et coupées en gros morceaux
- 50 g de raisins secs
- 15 cl de bouillon de volaille
- 30 cl de cidre sec
- 2 pommes coupées en quartiers
- 1 noisette de beurre
- 2 cuil. à soupe de crème fraîche
- 3 cuil. à soupe d'huile

Dans une grande cocotte à fond épais, faites revenir les poitrines entières dans l'huile jusqu'à ce qu'elles soient bien dorées. Réservez, mais gardez l'huile dans la cocotte. Dans la cocotte, faites revenir les oignons et l'échalote à feu moyen pendant 10 minutes pour bien les caraméliser. Réservez avec les poitrines. Faites revenir ensuite le céleri, le poireau, le thym, les carottes et les raisins pendant 5 minutes. Ajoutez les oignons, le bouillon et le cidre. Disposez les poitrines au-dessus des légumes. Portez à ébullition, couvrez et laissez cuire à petit bouillon pendant environ 1 h 30. Juste avant de finir la cuisson du faisan, faites revenir les pommes à la poêle avec une noisette de beurre pour les caraméliser un peu. Réservez les poitrines, puis faites réduire la sauce si elle est trop liquide. Ajoutez la crème fraîche et remuez bien. Pour servir, versez la sauce dans un plat, disposez les pommes et les poitrines dessus. Parsemez de thym frais et servez avec du riz ou des pommes de terre vapeur.

Notes

Ce plat se conserve au réfrigérateur pendant 5 jours dans une boîte hermétiquement fermée. On peut omettre la crème fraîche pour une sauce un peu plus légère. Vous pouvez remplacer le faisan par des poitrines de canard ou de poulet.

Version végétarienne

Ce ragoût est délicieux avec des lentilles. Faites cuire au préalable 200 g de lentilles dans une grande casserole d'eau bouillante. Suivez la recette, incorporez les lentilles à la place de la viande et ne faites cuire que 30 minutes.

Préparation : 10 minutes
Cuisson : 1 heure environ

Outre son petit nom poétique, cette soupe a un ingrédient très spécial : les pruneaux ! Parfois oubliés ou retirés avant de servir, ils donnent pourtant toute sa personnalité à cette soupe ancestrale. Présente dans les livres de cuisine écossais depuis le XVIe siècle, cette soupe pourrait avoir des origines françaises. Aujourd'hui, on la trouve souvent au menu des grandes célébrations écossaises, telles que le Burns Supper, le 25 janvier, ou Hogmanay, le Nouvel An écossais.

Cock-a-leekie

Bouillon de poulet et pruneaux

Ingrédients pour 4 personnes
200 g environ de blanc de poulet (2 blancs de poulet)
1 litre de bouillon de volaille ou de légumes
1 grand poireau émincé en fines lamelles
1 oignon découpé en petits cubes
2 branches de thym finement hachées
50 g de riz
6 pruneaux dénoyautés coupés en morceaux
20 g de beurre

Faites bouillir le blanc de poulet dans le bouillon à feu doux dans une grande cocotte. Pendant ce temps, faites revenir le poireau, l'oignon et le thym avec le beurre dans une poêle à feu moyen-doux environ 10 minutes, ou jusqu'à ce qu'ils soient bien tendres et translucides. Versez les légumes dans la cocotte avec le poulet et le bouillon et laissez frémir pendant 30 minutes. Réservez le blanc de poulet bouilli dans une assiette et effilochez-les en fines lamelles à l'aide d'une fourchette (il est tellement cuit à ce moment-là qu'il devrait se séparer facilement). Remettez le poulet émincé dans le bouillon et ajoutez le riz ainsi que les pruneaux. Laissez cuire pendant 15 minutes à petit bouillon. Servez dans des bols avec des scones au cheddar chauds (voir recette p. 123).

Notes

Cette soupe est parfaite en entrée, elle n'est pas assez substantielle pour constituer un plat principal. Elle se conserve jusqu'à 3 jours dans un récipient hermétiquement fermé au réfrigérateur.

Version végétarienne

Remplacez le poulet par des champignons secs comme les shiitakés ou les cèpes.

Cette vieille recette paysanne figure rarement au menu des restaurants ou sur les étals des supermarchés. Pourtant, elle est originale et savoureuse et plaira aux amateurs de viande. Elle peut se déguster chaude ou froide, accompagnée d'une salade de pommes de terre ou de betteraves. Parfait pour un petit pique-nique écossais !

Préparation : 20 minutes
Cuisson : 1 h 30

Aberdeen sausages

Pain de viande

Préchauffez le four à 180 °C (th. 6). Faites revenir l'échalote et les lardons dans une poêle avec un peu d'huile jusqu'à ce qu'ils soient bien caramélisés. Réservez. Dans un grand saladier, versez tous les ingrédients avec l'échalote et le bacon. Mélangez bien pour que tout soit homogène. Transférez la farce dans un moule long de type quatre-quarts. Recouvrez de papier d'aluminium et enfournez à four chaud pour 1 h 30. Laissez refroidir avant de démouler. Coupez des tranches et dégustez accompagné d'une salade ou dans un sandwich. On adore griller les tranches à la poêle pour leur donner un peu de croquant ! C'est parfait pour un brunch ou un déjeuner sur le pouce.

Notes

Ce pain de viande se conserve au réfrigérateur pendant 3 jours dans une boîte hermétiquement fermée. On peut aussi le trancher et congeler les tranches. Elles se réchauffent à la poêle très facilement.

Version végane

Nous vous recommandons le haggis végan (p. 94), qui est un pain de lentilles et d'orge perlé.

Ingrédients pour 1 pain de viande de 25 cm environ
250 g de bœuf haché
250 g de porc haché
1 échalote émincée
100 g de lardons
110 g de flocons d'avoine
2 cuil. à café de sauce soja (ou de sauce Worcestershire)
2 pincées de sel
1 œuf battu
2 cuil. à soupe de bouillon de bœuf
Huile
Poivre

Dans les vitrines des boucheries et des boulangeries, impossible de manquer ces jolies petites tourtes dorées, percées d'un trou au milieu, qui tiennent dans la main. La plupart sont ces célèbres scotch pies, des tourtes individuelles garnies d'un ragoût de mouton ou de bœuf, mais il en existe plusieurs versions : les végétariennes, celles au poulet,ou encore... les macaroni pies. Eh oui : une tourte fourrée aux pâtes, dans une sauce au fromage. Faites d'une pâte bien sèche et bien solide, ces gourmandises peuvent être mangées sans couverts ni assiette. Si on les sert traditionnellement lors des matches de foot, elles sont aussi de parfaits en-cas de fin de soirée, à la gare, dans les festivals...

Préparation : 40 minutes
Cuisson : 1 h 10

Scotch pies

Tourtes écossaises à l'agneau

Ingrédients pour 12 tourtes individuelles

- 2 rouleaux de pâte brisée (du commerce ou recette p. 17 : multipliez les proportions par deux)
- 500 g d'agneau haché
- 200 g de pommes de terre épluchées et coupées en petits dés
- 1 oignon émincé
- 1 branche de céleri émincée
- ½ cuil. à café de noix de muscade
- 1 cuil. à café de cannelle moulue
- 2 cuil. à soupe de sauce Worcestershire (ou un mélange sauce soja et vinaigre balsamique)
- 1 cuil. à soupe de feuilles de menthe finement hachées
- Huile

Faites bouillir les pommes de terre pendant 10 minutes. Égouttez et réservez-les. Dans une cocotte à fond épais, faites revenir l'oignon et le céleri dans un peu d'huile à feu moyen pendant 5 minutes jusqu'à ce que l'oignon soit transparent. Ajoutez l'agneau haché et laissez revenir à feu moyen jusqu'à ce qu'il soit entièrement cuit. Versez les épices et la sauce Worcestershire, puis laissez mijoter à feu doux pendant 10 minutes environ. Si le fond commence à attacher, versez un peu d'eau. Retirez du feu, intégrez la menthe et remuez un peu. Réservez. Préchauffez le four à 160 °C (th. 5/6). Découpez des carrés dans la pâte brisée de taille un peu plus large que le diamètre des moules à muffins. Chemisez chaque moule et laissez dépasser les quatre coins du carré. Déposez un peu de pommes de terre au fond de chaque tourte, puis recouvrez de farce à la viande. Repliez chaque coin sur la farce pour former la tourte. Enfournez à four chaud pour 30 minutes. Dégustez chaud ou à température ambiante.

Notes

Ces tourtes sont parfaites pour accompagner de longues balades en pleine nature. S'il reste de la farce, elle est délicieuse servie chaude avec de la purée, des clapshots (voir p. 98) et aussi des rumbledethumps (voir p. 103). Les tourtes se conservent jusqu'à 3 jours au réfrigérateur dans une boîte hermétiquement fermée. On peut aussi les congeler avant la cuisson (dans ce cas, rajouter 10 minutes de cuisson).

Version végane

Remplacez l'agneau par 200 g de lentilles du Puy. Faites-les cuire dans une grande casserole d'eau froide non salée. Comptez 20 minutes de cuisson après ébullition, elles doivent être encore un peu fermes.

LÉGUMES

CE QUI POUSSE
en Écosse

Orge, panais, chou kale, framboises… Tant de céréales, fruits et légumes se sentent à l'aise en Écosse. Le climat doux et humide du pays est propice aux belles récoltes et l'agriculture, à échelle familiale ou intensive, a toujours fait partie de la vie des Écossais.

L'avoine, reine des céréales écossaises ?

Du côté des céréales, le schéma est plutôt simple. Si l'orge représente plus de la moitié de la production écossaise – whisky et aliments pour animaux oblige –, l'avoine pèse pour moins de 10 %, mais occupe une place bien plus importante dans l'imaginaire collectif. Admettons-le : rien n'est plus rassurant qu'un flocon d'avoine parmi d'autres, les souvenirs des soupes familiales, du muesli du matin, de la bouillie. En Écosse, l'avoine, c'est l'aliment sur lequel on pourra toujours compter.

Au XVIIIe siècle, l'avoine est considérée, du côté anglais de la frontière, comme un aliment réservé aux chevaux, tandis qu'elle est l'alpha et l'omega de la cuisine en Écosse. Il suffit d'en trimballer une portion avec soi, lors des jours de voyage, pour avoir de quoi faire une bouillie ou un porridge. On la retrouve aussi dans la recette du haggis, même si elle se fait plus discrète.

Aujourd'hui, l'avoine peut s'acheter sous différentes formes en Écosse, finement ou grossièrement moulue, selon son utilisation. De manière plus générale, on la trouve en flocons, même si, écrit Catherine Brown, « une fois passée à la vapeur et écrasée, l'avoine perd un peu de son goût et de ses nutriments ». Elle reste malgré tout un aliment très populaire en Écosse, et revenu à la mode pour plusieurs raisons : très facile à faire pousser de manière biologique, saine, peu chère, l'avoine a trouvé sa place dans le mouvement des « superfoods » et dans les bols de porridge qui font les beaux sur Instagram.

Les légumes racines à l'honneur

Si l'Écosse est championne de la production de pommes de terre, il faut noter qu'elle produit en fait plus de graines de pommes de terre, qui sont exportées sur la planète entière, que de patates destinées à la consommation. On ne s'étonnera pas non plus de trouver bon nombre de légumes sur le podium de la production légumière : carottes en tête, suivies par les navets, les pois et les choux de Bruxelles. Il est également possible de déguster de délicieux panais écossais, toutes sortes de choux, des champignons – peu variés, cela dit –, des poireaux et des brocolis. Le chou kale, qui a connu un regain de popularité ces dernières années, fait partie des légumes « basiques » de l'Écosse, tant il est simple à cultiver et résistant au froid.

> "Enough is as good as a feast."
> « Avoir assez, c'est tout aussi bien qu'avoir un festin. »
> PROVERBE ÉCOSSAIS

La domination de la fraise écossaise

La production de fruits est très concentrée, en Écosse, dans les régions très fertiles, comme le Fife et les bords de la Tay. En 2018, 25 000 tonnes de fraises étaient produites en Écosse, et savourées dans tout le pays tant leur saveur est réputée. Les framboises, très appréciées également, ne pèsent que 3 000 tonnes par an dans la balance. Si la rhubarbe écossaise se trouve facilement, les poires et les pommes sont un peu plus rares, la faute à l'import de fruits peu chers. Près de trois quarts des pommes consommées au Royaume-Uni viennent de l'étranger, en particulier d'Espagne et d'Afrique du Sud. Alors, comment faire pour remettre les pommes locales au goût du jour ? Depuis quelques années, un groupe d'agriculteurs et de chercheurs tente de raviver la flamme de la culture des pommes en Écosse, pour diversifier les productions et permettre aux habitants de manger des fruits locaux. Et si cela vous intéresse, nous vous invitons à découvrir le travail de l'association Clyde Valley Orchard Cooperative, qui s'attache à bouturer et à développer les arbres fruitiers de la vallée.

Les pommiers sont pourtant présents en Écosse depuis le XIIe siècle, où nombre de monastères étaient entourés de vergers, et on sait que des exploitations agricoles produisaient énormément de pommes jusqu'au XIXe siècle. Ce n'est pas si loin !

Les pickles sont des légumes conservés dans du vinaigre macéré avec des épices et des herbes. C'est une méthode très ancienne pour conserver les légumes de saison. L'habitude de conserver les légumes dans du liquide remonte à plusieurs millénaires. En Écosse, cette méthode de conservation devient très populaire au XVIIe siècle : en plus de conserver les aliments, on considère qu'elle est bonne pour la santé. La Bibliothèque Nationale de l'Écosse conserve plusieurs recettes de l'époque avec des mélanges intéressants : haricots verts, salicorne et pourpier, ou encore concombres avec de l'aneth, des noix de muscade et du poivre. Les chutneys sont des condiments très populaires en Écosse. Ils sont acides, sucrés et épicés. Ils sont réalisés avec des fruits comme la pomme ou la mangue. On les sert sur des sandwichs, avec du fromage, des fruits ou sur des tartines.

Pickles rapides et chutneys

ATTENTION

Il faut bien stériliser les bocaux et couvercles pour éviter les contaminations, et toujours les étiqueter avec la date de fabrication. Conservez les bocaux à l'abri du soleil au frais, attendez une semaine avant de les consommer pour laisser le temps aux arômes de se développer.

Les bocaux ouverts se gardent au réfrigérateur et doivent être consommés dans les 3 mois.

Bread and butter pickles

Pickles à tartines et sandwichs

Préparation : 30 minutes
Cuisson : 10 minutes

Ingrédients pour 3 bocaux
1 petite botte de radis
3 carottes
½ concombre
2 cuil. à soupe de graines de moutarde
1 cuil. à café de graines de céleri
1 cuil. à café de graines de coriandre
1 cuil. à café de curcuma moulu
1 feuille de laurier par bocal
35 cl de vinaigre de cidre
250 g de sucre brun
1 cuil. à café de sel

Stérilisez les bocaux et les couvercles en les faisant bouillir pendant au moins 15 minutes. Dans un bol, mélangez toutes les épices et répartissez-les équitablement dans chaque bocal. Préparez les légumes comme désiré : coupés en rondelles, en bâtonnets ou à la mandoline. Répartissez-les dans les bocaux stériles en les tassant bien. Dans une casserole, faites chauffer le vinaigre avec 35 cl d'eau, le sucre et le sel jusqu'à ébullition. Remplissez les bocaux et refermez-les aussitôt. Laissez refroidir et stockez à l'abri du soleil.

Pickles de fenouil à l'orange

Préparation : 30 minutes
Cuisson : 10 minutes

Ingrédients pour 3 bocaux
2 fenouils coupés en tranches fines
Le zeste de 2 oranges coupé finement
2 cuil. à café de graines de moutarde
2 cuil. à café de graines de carvi
1 cuil. à café de mélange de grains de poivre
2 clous de girofle par bocal
1 feuille de laurier par bocal
30 cl de vinaigre de cidre
150 g de sucre en poudre
1 cuil. à café de sel

Stérilisez les bocaux et les couvercles en les faisant bouillir pendant au moins 15 minutes. Répartissez équitablement le zeste d'orange et les épices dans les bocaux. Remplissez avec le fenouil en le tassant bien. Dans une casserole, faites chauffer le vinaigre avec 30 cl d'eau, le sucre et le sel jusqu'à ébullition. Versez dans les bocaux et refermez-les aussitôt. Laissez refroidir et stockez à l'abri du soleil.

Chutney sucré à la pomme

Préparation : 30 minutes
Cuisson : 2 h 30

Ingrédients pour 2 bocaux
3 pommes épluchées et coupées en morceaux
2 échalotes finement hachées
90 g de raisins secs
25 cl de vinaigre de cidre
250 g de sucre brun
1 cuil. à café de cannelle moulue
1 cuil. à café de coriandre moulue
½ cuil. à café de clous de girofle moulus
2 cuil. à café de quatre-épices
1 cuil. à café de poivre moulu
Huile

Dans une cocotte à fond épais, faites revenir les échalotes avec de l'huile jusqu'à ce qu'elles soient caramélisées. Ajoutez le reste des ingrédients. Mélangez et laissez cuire à feu doux pendant 2 heures, à couvert. Si le mélange est encore trop liquide, augmentez le feu et laissez réduire pendant 20 minutes environ. Le chutney est prêt lorsque la trace de la cuillère en bois reste au fond de la casserole. Stérilisez les bocaux et les couvercles en les faisant bouillir pendant au moins 15 minutes. Versez le chutney chaud dans les bocaux fraîchement sortis de l'eau bouillante et refermez-les aussitôt.

Préparation : 1 heure
Cuisson : 3 heures environ

En 2019, James Macsween, le copropriétaire de la marque édimbourgeoise Macsween, expliquait que le haggis végétarien représentait plus d'un quart des ventes de la marque écossaise. Il est commercialisé depuis 1984. Si le haggis à base de viande reste bien ancré dans les habitudes, la version végétarienne a donc le vent en poupe, même chez ceux qui mangent régulièrement de la viande. Pourquoi ? Parce que ses saveurs et sa texture en font un plat généreux et agréable. Avec ses lentilles, l'avoine et les différentes graines, ce plat est pauvre en gluten, riche en protéines et en fibres.

Vegan haggis, neeps and tatties

Terrine de lentilles et orge, sauce au whisky

Ingrédients pour 4 personnes

Le haggis
- 60 g de lentilles vertes
- 70 g d'orge perlé
- 1 petit oignon finement coupé
- 1 petite carotte finement hachée
- 2 champignons shiitakés finement hachés sans le pied
- ½ cuil. à café de poivre moulu
- ½ cuil. à café de noix de muscade moulue
- ½ cuil. à café de coriandre moulue
- 2 cuil. à café de sauce soja (ou Marmite® si disponible)
- 20 g de graines de tournesol grossièrement concassées
- 1 cuil. à soupe de mélasse noire
- 100 g de flocons d'avoine
- 2 cuil. à soupe d'huile
- Sel

Le haggis

Faites cuire les lentilles dans une casserole d'eau non salée pendant 20 minutes. Elles doivent être encore fermes. Réservez. Faites cuire l'orge perlé dans une casserole d'eau salée pendant 50 minutes. Il doit être ferme. Réservez. Ces deux étapes peuvent se préparer jusqu'à 1 jour à l'avance. (Conservez au réfrigérateur dans ce cas.) Préchauffez le four à 180 °C (th. 6). Faites revenir l'oignon et la carotte dans une casserole à fond épais avec l'huile pendant 5 à 6 minutes. Intégrez les champignons et laissez cuire pendant encore 3 à 4 minutes, le temps que les champignons dégorgent et que l'eau s'évapore. Ajoutez le poivre, la noix de muscade, la coriandre, la sauce soja (ou Marmite®), les graines de tournesol et la mélasse. Mélangez bien. Versez alors les flocons d'avoine et 20 cl d'eau. Mélangez bien et laissez cuire pendant 5 minutes. Le mélange doit s'épaissir. Ajoutez les lentilles et l'orge perlé préalablement cuits et mélangez. Versez dans un moule à quatre-quarts ou un moule à manqué de 20 cm de diamètre environ. Enfournez à four chaud pour 30 minutes environ.

SUITE DE LA RECETTE P. 96

Les purées de pommes de terre et rutabagas

Il faut préparer les rutabagas et les pommes de terre séparément, mais le protocole reste le même dans les deux cas. Dans deux casseroles, faites cuire les pommes de terre et les rutabagas dans de l'eau salée pendant environ 20 minutes ou jusqu'à ce qu'ils soient tendres. Écrasez avec une fourchette ou un presse-purée. Ajoutez 30 g de beurre dans chacune des casseroles et mélangez. Diluez la purée de pommes de terre avec du lait en l'incorporant peu à peu jusqu'à obtenir la consistance voulue.

Les purées de pommes de terre et rutabagas
800 g de pommes de terre farineuses (type bintje) épluchées et coupées en morceaux
800 g de rutabagas épluchés et coupés en morceaux
60 g de beurre
Lait

La sauce au whisky

Dans une casserole, faites revenir les échalotes dans le beurre et l'huile pendant 8 minutes. Elles doivent être translucides et bien odorantes. Versez le whisky et laissez cuire jusqu'à ce que le liquide soit presque entièrement évaporé. On peut flamber le whisky si on veut un goût plus caramélisé. Ajoutez l'ail, le laurier, la moutarde, le poivre et le bouillon de bœuf. Laissez mijoter pendant 10 minutes jusqu'à ce que la sauce ait réduit de moitié. Versez la crème et laissez mijoter 5 minutes le temps que la sauce épaississe. Filtrez la sauce à la passoire pour enlever les morceaux ou passez-la au mixeur. Versez sur le haggis et dégustez avec les deux purées.

La sauce au whisky
12 cl de whisky (plutôt sucré, pas trop fumé)
2 échalotes très finement hachées
2 gousses d'ail très finement hachées
2 feuilles de laurier
1 cuil. à soupe de moutarde
1 cuil. à café de poivre moulu
20 cl de bouillon de bœuf
20 cl de crème liquide
20 g de beurre
1 cuil. à café d'huile

Notes

Cette terrine se conserve 5 jours au réfrigérateur dans une boîte hermétiquement fermée. Un des ingrédients essentiels du haggis est la Marmite® (une pâte faite à base de résidus de fabrication de bière). Nous savons que c'est difficile d'en trouver en France, elle peut très facilement être remplacée par un exhausteur de goût, comme le Viandox® ou la sauce soja.

La sauce au whisky est excellente avec un steak ou des légumes vapeur. À l'origine, la recette du haggis est très poivrée ; si c'est trop intense pour votre palais, n'hésitez pas à diminuer de moitié la quantité de poivre.

Les plats végétariens sont peut-être rares en Écosse, mais quand il y en a, ils sont bons (et ils ont des noms rigolos). La recette de référence du clapshot vient de Marian McNeill, autrice de l'un des livres de cuisine écossaise de référence, paru en 1929. Originaire des Orcades, elle a précautionneusement donné la recette de cette purée de pommes de terre et de rutabaga, qu'elle accompagne d'ailleurs de ciboulette. Quant à l'origine du nom ? On botte en touche !

Préparation : 20 minutes
Cuisson : 30 minutes

Clapshot

Purée de pommes de terre et rutabaga

Ingrédients pour 4 personnes
750 g de pommes de terre farineuses (type bintje) épluchées et coupées en dés
1 rutabaga (environ 500 g) épluché et coupé en dés
1 oignon finement émincé
1 gousse d'ail finement hachée
1 cuil. à café de sel
½ cuil. à café de poivre
30 g de beurre
1 verre de lait

Dans une cocotte, faites bouillir de l'eau, puis ajoutez les pommes de terre, le rutabaga, l'oignon, l'ail, le poivre et le sel et laissez mijoter pendant 30 minutes, jusqu'à ce que les légumes soient cuits. Égouttez et réduisez le tout en purée avec une fourchette ou un presse-purée. Ajoutez le beurre et mélangez bien jusqu'à ce qu'il soit incorporé. Versez un peu de lait et mélangez jusqu'à obtenir la consistance désirée.

Notes

Cette purée se conserve 3 jours au réfrigérateur dans une boîte hermétiquement fermée. C'est un plat très traditionnel qui se consomme à la place d'une purée de pommes de terre toute simple. On peut l'améliorer en ajoutant des morceaux de bacon grillé.

Version végane

Utilisez du lait végétal et de la margarine dans les mêmes quantités que celles de la recette.

« Tout, dans le clapshot, incluant l'odeur et la couleur, est bon [...]. J'ai des réserves quant au nom. Il sonne plus comme un missile utilisé à la guerre que comme le nom d'un plat savoureux, et pourtant je ne doute pas que les origines de ce nom soient anciennes, dignes et vénérables. »

GEORGE MACKAY BROWN

L'origine des scotch eggs est trouble. Très trouble. Cependant, elle n'est sans doute pas écossaise. Selon l'*Encyclopædia Britannica*, ces œufs durs recouverts de viande puis de chapelure seraient l'œuvre d'un centre commercial de Londres, au XVIIIe siècle, ou auraient été rapportés d'Inde par des soldats anglais. Consommés froids en Écosse, ils sont préférés chauds aux États-Unis.

Préparation : 1 h 30
Cuisson : 20 minutes

Scotch eggs
végétariens aux falafels

Ingrédients pour 4 œufs
6 œufs
4 échalotes finement émincées
2 gousses d'ail finement émincées
1 cuil. à soupe de cumin moulu
1 cuil. à soupe de coriandre moulue
½ cuil. à café de piment en poudre
½ cuil. à café de gros sel
½ cuil. à café de poivre
400 g de pois chiches en conserve (1 boîte)
1 botte de coriandre fraîche, les feuilles grossièrement émincées
200 g de miettes de pain ou de chapelure
150 g de farine + pour le plan de travail
2 cuil. à soupe d'huile d'olive
Huile de friture

Mettez 4 œufs dans une cocotte remplie d'eau froide. Portez à ébullition et laissez cuire pendant 5 minutes. Plongez les œufs directement dans un saladier d'eau glacée afin de stopper la cuisson rapidement. Écalez les œufs et réservez-les. Faites revenir à la poêle les échalotes et l'ail dans l'huile d'olive. Laissez cuire à feu doux jusqu'à ce qu'ils commencent à brunir. Ajoutez les épices, le gros sel et le poivre et laissez cuire pendant 1 minute. Versez le tout dans le mixeur et réduisez en purée. Ajoutez la coriandre et les pois chiches égouttés. Mixez grossièrement afin d'avoir encore des morceaux. Versez le mélange dans un saladier et intégrez la chapelure, la farine et 2 œufs battus. Mélangez à la main pour obtenir une pâte homogène. Si la pâte s'émiette, versez un peu d'eau chaude et mélangez de nouveau. Séparez la pâte en quatre. Farinez une surface et étalez la pâte sur une épaisseur d'1 cm environ. Roulez les 4 œufs dans la farine, puis secouez pour retirer l'excédent. Recouvrez chaque œuf de préparation aux pois chiches, enlevez l'excédent et pressez bien l'œuf dans vos mains pour sceller les bords. Formez des boules de 3 cm de diamètre avec le reste de pâte aux pois chiches.

La cuisson à la friteuse

Faites chauffer l'huile à 150 °C, puis mettez-y à frire les œufs un à un pendant 3 à 4 minutes environ. Ils doivent être bien dorés. Essuyez avec du papier absorbant pour enlever l'excès d'huile.

La cuisson au four

Préchauffez le four à 200 °C (th. 6/7). Enduisez les œufs d'huile et faites cuire à four chaud pendant 20 minutes en les retournant à mi-cuisson pour qu'ils soient dorés sur les deux faces.

Notes

Les scotch eggs se dégustent chauds ou à température ambiante. Ils se conservent jusqu'à 3 jours au réfrigérateur dans une boîte hermétiquement fermée. Cette recette est l'une des plus compliquées car il peut être difficile d'enrouler la pâte aux pois chiches autour de l'œuf. Si vous n'y arrivez pas, faites une pâte plus épaisse, nous avons prévu de larges quantités pour cette raison. S'il vous reste de la pâte à falafels, faites cuire un autre œuf.

Préparation : 20 minutes
Cuisson : 40 minutes

Dans la famille des plats aux noms imprononçables, nous demandons... le rumbledethumps ! Ce gratin de légumes originaire de la région méridionale des Borders appartient aussi à la famille, nombreuse, des plats conçus à partir de restes, comme le haggis, les stovies ou la cottage pie. Pour nous, ce bruit évoque le fait d'écrabouiller joyeusement des légumes. Ce n'est pas Gordon Brown, l'ancien Premier Ministre britannique qui nous contredira, lui qui a déclaré, en 2009, que les rumbledethumps étaient son plat préféré.

Rumbledethumps

Gratin de pommes de terre et chou

Ingrédients pour 4 personnes
500 g de pommes de terre épluchées et coupées en morceaux
400 g de chou (blanc ou vert) finement émincé
1 échalote finement hachée
1 gousse d'ail finement hachée
½ verre de lait
50 g de beurre
1 grosse poignée de cheddar râpé
2 cuil. à soupe d'huile
Sel et poivre

Faites bouillir les pommes de terre dans une casserole d'eau bouillante salée pendant 8 à 10 minutes jusqu'à ce qu'elles soient bien cuites. Égouttez et réservez. Dans une cocotte, faites revenir l'échalote et l'ail à feu moyen dans l'huile pendant 5 minutes. Ajoutez le chou et un fond d'eau. Salez et laissez mijoter à feu doux pendant 10 minutes en remuant de temps en temps. Si le mélange accroche, remettez un tout petit peu d'eau. Retirez du feu. Versez les pommes de terre cuites et le beurre dans la cocotte et écrasez le tout au presse-purée. Délayez avec un peu de lait. Salez et poivrez à votre goût. Allumez le gril du four. Dans un plat à gratin, versez le mélange de purée et recouvrez de cheddar râpé. Mettez à griller au four pendant 5 à 10 minutes jusqu'à ce que le fromage sur le dessus ait pris une belle couleur caramélisée. Dégustez avec des saucisses, un rôti ou encore un ragoût.

Note

Ce gratin se conserve jusqu'à 3 jours au réfrigérateur dans un récipient hermétiquement fermé.

Version végane

Remplacez le beurre par de la margarine, le lait par du lait végétal et utilisez de la chapelure à la place du fromage.

Très semblable à la shepherd's pie proposée p. 77, la cottage pie est consommée plus généralement dans tout le Royaume-Uni. Encore une fois, il est tentant de faire le parallèle avec le hachis Parmentier ou le pâté chinois québécois. Si la version traditionnelle contient de la viande de bœuf ou de porc, nous vous proposons là une version végétarienne succulente, à base de lentilles et de pois chiches.

Préparation : 40 minutes
Cuisson : 2 heures

Vegetarian cottage pie

Hachis Parmentier végétarien

Ingrédients pour 6 à 8 personnes

Le ragoût de légumes
- 100 g de lentilles du Puy crues
- 2 grosses échalotes finement émincées
- 200 g de carottes épluchées et finement hachées
- 1 poireau finement émincé
- 4 branches de céleri coupées en fines tranches
- 1 navet épluché et coupé en petits cubes
- 400 g de pois chiches en conserve (1 boîte)
- 150 g de tomates séchées coupées en petits morceaux
- 100 g de champignons shiitakés frais, équeutés et coupés en fines lamelles
- 140 g de concentré de tomate (1 petite boîte)
- 30 cl de vin rouge
- 1 cube de bouillon de légumes
- 3 cuil. à soupe de sauce Worcestershire ou de vinaigre balsamique
- 3 cuil. à soupe d'huile d'olive

La purée de pommes de terre
- 500 g de pommes de terre épluchées et coupées en cubes
- 50 g de beurre
- 1 verre de lait
- Sel et poivre

Le ragoût de légumes

Versez les lentilles dans une casserole remplie d'eau froide non salée et faites-les cuire pendant 10 minutes après ébullition. Elles doivent être encore fermes. Égouttez et réservez. Dans une cocotte à fond épais, faites chauffer l'huile et faites revenir les échalotes pendant 5 minutes jusqu'à ce qu'elles commencent à brunir. Versez les carottes, céleri, poireau et laissez cuire pendant 10 minutes à feu moyen en remuant régulièrement. Ajoutez les lentilles, pois chiches égouttés, navets, tomates séchées, champignons, concentré de tomate, vin rouge et cube de bouillon. Portez à ébullition, couvrez et laissez cuire à feu doux pendant 45 minutes. Ajoutez la sauce Worcestershire et rectifiez l'assaisonnement, puis laissez bien refroidir. Préchauffez le four à 160 °C (th. 5/6).

La purée de pommes de terre

Faites cuire les pommes de terre dans une casserole remplie d'eau froide et salée pendant 15 à 20 minutes. Égouttez les pommes de terre et écrasez-les au presse-purée. Ajoutez le beurre et mélangez bien. Versez le verre de lait peu à peu jusqu'à obtention de la texture désirée. La purée doit être ferme, pas trop liquide. Assaisonnez.

La cottage pie

Dans un plat à gratin, versez le ragoût de légumes à la moitié de la hauteur. Quand il est froid, étalez la purée de pommes de terre dessus. Enfournez à four chaud pour 30 minutes.

Notes

On peut aussi faire des ramequins individuels. Le ragoût de légumes se conserve jusqu'à 5 jours dans une boîte hermétiquement fermée au réfrigérateur. La purée ne se conserve pas si longtemps, si les gratins sont déjà montés, il faut les consommer dans les 2 jours.

Pour une version entièrement végane, faites la purée avec de la margarine et du lait végétal.

Cette soupe traditionnelle est très consistante et met à l'honneur une céréale écossaise peu utilisée en cuisine : l'orge. L'orge est pourtant la céréale la plus cultivée en Écosse aujourd'hui, mais elle est surtout utilisée pour l'alimentation du bétail et… la distillation du whisky ! Dans son manuel de cuisine publié en 1856 et disponible en ligne, Margaret Dods – le nom de plume de la romancière et féministe Christian Isobel Johnstone – appela le scotch broth « le pot-au-feu écossais », traçant là un joli lien entre les cuisines française et écossaise.

Trempage : 1 nuit
Préparation : 30 minutes
Cuisson : 1 h 30 à 2 heures

Scotch broth

Soupe de légumes

La veille, faites tremper les pois cassés secs dans un grand bol rempli d'eau. Le jour même, dans une grande cocotte à fond épais, faites revenir l'oignon dans l'huile à feu moyen-doux pendant 5 minutes, ou jusqu'à ce qu'il soit translucide. Ajoutez le romarin, l'ail, le poireau, les carottes et le céleri et faites cuire pendant au moins 10 minutes en remuant régulièrement. Intégrez le rutabaga, le panais, le chou kale, les lentilles corail, l'orge perlé, les pois cassés égouttés et le bouillon. Portez à ébullition, couvrez et laissez cuire pendant 1 h 30 à 2 heures en vérifiant le niveau d'eau. Si la consistance de la soupe devient trop épaisse, n'hésitez pas à la délier avec de l'eau.

Notes

Cette soupe se conserve 5 jours au réfrigérateur dans une boîte hermétiquement fermée. Au moment de la réchauffer, il faudra peut-être ajouter un peu d'eau pour la délier.

Ingrédients pour 4 personnes
35 g de pois cassés secs (ou 1 boîte de conserve)
1 oignon finement haché
2 branches de romarin finement hachées
2 gousses d'ail finement émincées
1 poireau émincé
2 carottes épluchées et coupées en morceaux
2 branches de céleri tranchées
1 rutabaga épluché et coupé en morceaux
1 panais épluché et coupé en morceaux
100 g de chou kale grossièrement émincé
40 g de lentilles corail
40 g d'orge perlé
1,2 l de bouillon de légumes
2 cuil. à soupe d'huile

"A soup so thick you could shake its hand
And stroll with it before dinner."

**« Une soupe si épaisse qu'on pourrait lui serrer la main
et l'emmener en balade avant le dîner. »**

« SCOTCH BROTH », ROBERT CRAWFORD (1959 -)

ÉDIMBOURG
petite capitale ou grand musée ?

Édimbourg, capitale de poche, regorge de lieux à explorer et à goûter. Que vous y passiez un week-end ou une vie, il est impossible de la quitter sans un pincement au cœur.

La capitale de l'Écosse, dominée par son château et sa vieille ville, semble tout droit sortie d'un livre de contes. Au nord, un estuaire, que l'on peut suivre jusqu'à la mer du Nord. Au sud, une colline verdoyante, dont les falaises noires nous rappellent qu'un volcan immense se tenait là, il y a plus de 330 millions d'années.
Et, au milieu, une capitale. Une capitale qui tiendrait presque dans le creux de la paume. Avec un bon demi-million d'habitants, elle compte parmi les plus petites d'Europe. Tous les regards, naturellement, sont concentrés sur Old Town, et sa petite sœur, New Town. Toutes deux protégées par l'Unesco, elles se font face et se contemplent l'une l'autre. La vieille ville, fortifiée jusqu'au XVIIIe, semble encore enserrer dans ses griffes une multitude de hautes façades, de clochers et de ruelles sombres. Dans ses entrailles, on trouve des passages secrets, des souterrains. Même si la vieille ville fut rénovée de fond en comble au XIXe siècle, le voyageur alerte saura sentir, à chaque coin de rue, les effluves du passé. La ville nouvelle, plus lumineuse, plus ordonnée et plus plate, fut pensée pour plaire aux élites. Dans ses rues larges, ses jardins carrés, on est plongé dans l'idéal des Lumières écossaises, dont l'existence reposait sur un étroit réseau de petites mains.
Plus loin du centre-ville, les marcheurs aimeront se laisser glisser vers le port de Leith, les galeries d'art du quartier de Stockbridge ou les magasins de seconde main de Morningside. Compacte mais complète, Édimbourg, tel un chat docile, se laisse approcher et comprendre par les visiteurs – ils sont plus de 4 millions par an. Pour en profiter au mieux, pourquoi ne pas le faire un livre à la main ? Édimbourg, première ville Unesco de la littérature, a inspiré de nombreux romanciers, romancières et âmes poètes. Pourquoi pas vous ?

Les meilleures tables d'Édimbourg

La capitale de l'Écosse attire les plus grands talents culinaires et le ratio du nombre de restaurants par habitant est mirobolant. Voici un instantané des meilleures tables d'Édimbourg en 2022. Gardons en tête que la scène gastronomique écossaise bouge vite, et que, à l'heure où vous mettrez les pieds à Édimbourg, les choses auront sans doute un peu changé.

Les étoilés

Dans la lignée de Tom Kitchin et de son restaurant *The Kitchin*, décoré par le guide Michelin en 2007, on trouve Martin Wishart, un chef édimbourgeois qui a ouvert son enseigne sur le vieux port de Leith, et *Number One*, le très chic restaurant de l'hôtel Balmoral, en plein centre-ville. Le très discret mais brillant *Condita*, avec son menu de dégustation « surprise » dont le chef dessine les ingrédients – et rien de plus – sur un bout de papier.

Les menus de dégustation

De plus en plus de restaurants proposent des menus de dégustation de cinq à dix plats, une occasion géniale de déguster plusieurs saveurs écossaises en une seule soirée. Parmi les plus originaux, on nommera *Aizle*, dont les six plats tournent avec les saisons, *The Gardener's Cottage* et ses grandes tables de bois partagées, ou encore *Mono*, qui mixe les saveurs écossaises et italiennes. Le plus étonnant reste sans doute *The Table*, qui ne fait qu'un service par soir avec dix convives réunis autour de la cuisine ouverte, admirant les chefs au travail.
Six by Nico, évoqué à la p. 160 (Glasgow), a également ouvert une enseigne à Édimbourg.

Des adresses végétariennes de haut vol

Avec son univers mi-kitch mi-tropical, parsemé de vieilles machines à écrire, on ne sait quoi penser de *Palm Paradise*. C'est pourtant l'un des hauts lieux de la cuisine végétarienne à Édimbourg, et on n'a jamais goûté de meilleures frites de halloumi ailleurs. À Leith, c'est *Harmonium* qui récolte nos faveurs, avec son fish & chips incroyable. Malmenée pendant la crise de 2020, la petite chaîne locale *Henderson's* avait annoncé qu'elle tirait le rideau pour de bon. C'était sans compter sur Barrie Henderson, petit-fils de la fondatrice, qui a décidé de relancer la machine.

Les tables que l'on préfère

Pour finir, Aurélie et moi vous glissons à l'oreille nos adresses favorites. À Leith, d'abord, nous adorons la sensation de « home sweet home » qui nous prend quand nous passons les portes du *Roseleaf*, et cette envie de ronronner quand on s'installe dans la véranda du *Teuchters Landing* voisin. Sur Victoria Terrace, on se laisse volontiers tenter par les encas de *Scott's Kitchen*, et si on a envie d'un beau dîner sans braquer la banque, on choisira une table avec vue sur le château à *The Outsider*. Pour un bel événement, on choisira *The Witchery by the Castle* et son bœuf Wellington.
Pour des saveurs un peu plus internationales, on cède sans complications aux sirènes de *Ting Thaï Caravan* et on ne passe jamais devant la petite cabane de *Tupiniquim* sans savourer l'une de leurs délicieuses galettes brésiliennes.

Errances à Édimbourg

Le musée national de l'Écosse

Véritable lieu de mémoire collective et symbole des échanges culturels au cœur desquels l'Écosse se trouve, le musée national est une formidable introduction à l'Écosse d'hier et d'aujourd'hui. Quand on passe ses portes, on se retrouve happé dans un joyeux désordre où fusées, squelettes et artefacts préhistoriques semblent apprécier la compagnie des enfants, lecteurs et autres badauds, réunis sous l'immense verrière lumineuse du XIXe siècle. À chaque visite, l'œil curieux remarque des pièces nouvelles, différentes. Là, Dolly, l'éternelle brebis clonée des années 1990 jette un regard intrigué à la maquette d'un train électrique. Plus loin, une horloge mécanique sonne l'heure, sous la surveillance des portraits de ceux et celles qui ont marqué l'histoire écossaise. Les visiteurs les plus chevronnés trouveront leur chemin jusqu'à la terrasse végétalisée du musée, d'où l'on peut profiter d'un panorama étourdissant.

La gare Waverley

Seule gare au monde, dit-on, à porter le nom d'une œuvre romanesque, la gare Waverley est un clin d'œil non dissimulé au roman éponyme de Walter Scott. À cet homme-orchestre, tantôt écrivain, historien ou avocat, on doit l'image romantique de l'Écosse, forgée au XIXe siècle et encore intacte de nos jours. Waverley, d'ailleurs, ne se révèle qu'à ceux qui la cherchent. Nichée dans une crevasse autrefois occupée par un lac aux eaux noires, asséché au XVIIIe siècle pour laisser la ville s'étendre, elle est invisible aux passants qui, depuis la nouvelle ville, devaient pouvoir admirer la vieille. Tout en bas des escalators, on se retrouve au milieu des quais baignés d'une lumière douce, où la pluie ne tombe jamais.

Inspirez, expirez. Vous êtes à Édimbourg. Vers quels coins de la ville vos pas vont-ils vous porter ?

Le Royal Mile

Telle l'épine dorsale d'une carcasse de poisson, le Royal Mile s'étire entre le château d'Édimbourg, qui domine la ville, et le palais de Holyrood, qui végète à l'ombre de Arthur's Seat, la colline d'origine volcanique que l'on repère de loin. À son sommet, le château d'Édimbourg laisse les observateurs perplexes : mais de quand date-t-il ? Eh bien, il n'a cessé d'évoluer, d'être attaqué, détruit, puis reconstruit. Un peu comme le reste de Old Town... En se laissant filer en pente douce le long du Royal Mile, on remarque vite que les magasins de souvenirs sont au coude à coude avec les pubs et restaurants, qui ne désemplissent jamais. Entre ces enseignes, de fines ruelles, appelées *closes*, sont autant de raccourcis pour aller découvrir d'autres niveaux de cette vieille ville labyrinthique. Arrivé en bas du Royal Mile, on se retrouve aux grilles du palais de Holyrood, résidence officielle de la famille royale depuis le XVIe siècle.

Le jardin botanique

Trait d'union entre les quartiers de Stockbridge et Canonmills, le grand jardin botanique d'Édimbourg, libre d'accès, est l'un des poumons verts de la ville. Avant de s'enraciner définitivement au nord de la ville, il a déménagé plusieurs fois. Dans ce jardin à l'origine médicinal, on conserve encore aujourd'hui des milliers de graines anciennes. Ses jardins, savamment rangés par régions du monde – notre préféré ? Le jardin chinois ! – s'articulent autour de la magnifique serre du XIXe siècle, où des palmiers courbent l'échine dans une atmosphère tropicale.

The Shore, l'ancien port d'Édimbourg

À Édimbourg, s'éloigner du centre-ville est toujours un pari gagnant. Au fin fond du quartier de Leith, The Shore est le doux nom de l'ancien port de la capitale. Aujourd'hui si calme, parsemé de cafés branchés et de restaurants étoilés, ce lieu à l'ambiance particulière était une véritable fourmilière il y a quelques siècles. Ganteries, verreries, hangars où les tonneaux de whisky prêts à partir croisaient les arrivages de vins, se serraient étroitement autour du port.

Pourtant, la vie industrielle est toujours présente, il suffit de pousser la promenade jusqu'aux docks plus modernes pour s'en rendre compte. Leith et The Shore sont également le théâtre du roman *Trainspotting* d'Irvine Welsh, adapté à l'écran par Danny Boyle en 1996.

VIVRE UN ÉTÉ DE FESTIVALS À ÉDIMBOURG

De juillet à fin août se concentrent, dans la capitale, un nombre enivrant d'événements. Depuis 1947, le Festival international d'Édimbourg montre ce qui se fait de mieux au théâtre et à l'opéra. Dans la foulée, le Fringe, une sorte de version écossaise du Off d'Avignon, inonde la ville de milliers de représentations – comédie, cirque, arts de rue, danse... – où les professionnels viennent repérer les talents de demain. Un peu plus loin, le Festival du livre occupe les après-midi plus calmement, entre rencontres d'auteurs et ateliers d'écriture.

À la fin de la journée, une foule compacte se masse autour du château, où le Tattoo Military Festival, un festival de fanfares militaires, fait rugir cornemuses et tambours jusqu'au feu d'artifice final. Pendant ce mois d'août complexe et coloré, on ne peut s'étonner de rien. Ni des artistes en tenue de scène qui patientent aux feux rouges, ni du prix nouvellement augmenté de la pinte de bière.

SCONES BISCUITS & DESSERTS

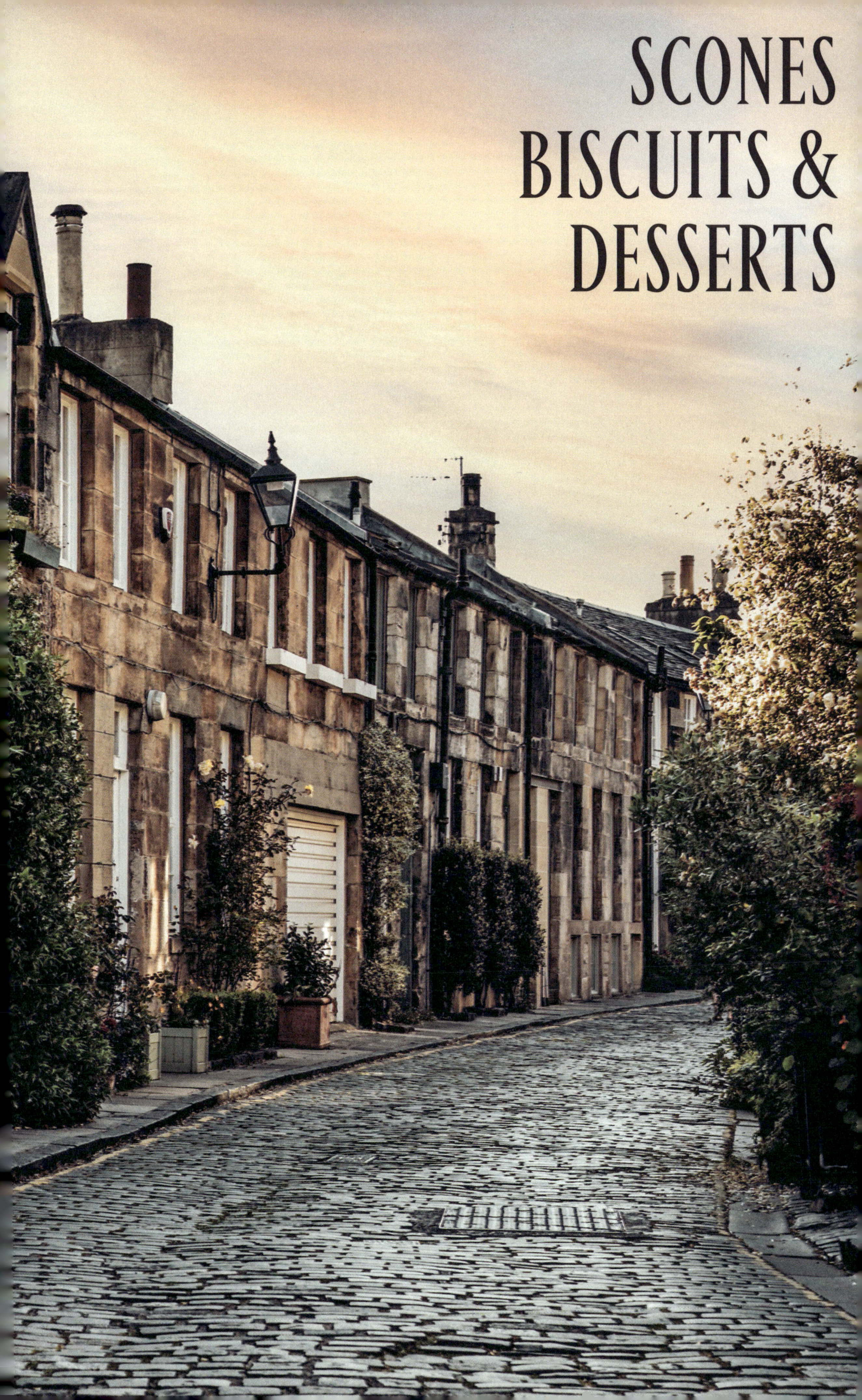

AFTERNOON TEA
douceur de l'après-midi

Présent au menu de tous les salons de thé, l'*afternoon tea* est aujourd'hui une habitude luxueuse... mais cela n'a pas toujours été le cas en Écosse.

Dans la jolie cour verdoyante de Prestonfield House, aux confins d'Édimbourg, quelques tables sont élégamment dressées sur la pelouse. Des paons majestueux s'y promènent, conscients de la curiosité qu'ils suscitent parmi les convives. Sur quelques tables, des plateaux à étages croulent sous les amuse-bouches, sucrés et salés. Sandwichs aux œufs à la mayonnaise ou au saumon fumé côtoient les scones et mignardises colorées. Sur la table, une théière fume. Parfois, deux verres de champagne rendent le tout plus festif. Repas pittoresque et romantique s'il en est, un *afternoon tea* ne s'oublie pas. Surtout en Écosse.

L'*afternoon tea*, c'est à quelle heure ?

Les heures des repas, au cours de la journée, varient énormément selon l'époque et l'appartenance sociale. Au XIXe siècle, l'habitude d'avoir un grand petit déjeuner tardif suivi d'un dîner relativement tôt puis d'un souper assez tard est bousculée par la mode du « *luncheon* », le déjeuner. Ainsi, le petit déjeuner est pris plus tôt, et il n'y a plus qu'un seul grand repas le soir. Ce qui laisse la place, explique l'historienne Annette Hope, à l'*afternoon tea*, qui se développe à travers tout le Royaume-Uni mais qui prend une importance particulière en Écosse. Du côté des cuisines, il se trouve que la farine et le sucre sont moins chers, et que les fours deviennent de plus en plus accessibles, ce qui permet de réaliser scones et autres gâteaux bien plus facilement. En même temps, le thé devient une boisson populaire dans toutes les classes de la société, remplaçant souvent la bière lors d'un repas.

« J'aime tellement le thé que je pourrais écrire toute une dissertation sur ses vertus. Il réconforte et ravive, sans tous les risques liés aux spiritueux. »

JAMES BOSWELL, AVOCAT ET BIOGRAPHE ÉCOSSAIS DU XVIIIe SIÈCLE

L'avènement des tea rooms en Écosse

« *What are we having for tea?* » est une question commune dans les familles écossaises. On s'enquiert alors de la composition du dernier repas de la journée, quel que soit le nom qu'on lui donne. Certains hôtels ou restaurants proposent encore un *high tea*, une sorte d'*afternoon tea* moins élégant mais accompagné d'un plat principal plutôt riche, souvent à base de poisson. Ce *high tea* pouvait être commandé dans les salons de thé qui faisaient fureur à la fin du XIXe siècle et tout au long du XXe en Écosse, comme ceux de Miss Cranston à Glasgow. Sur les tables, on retrouve, en abondance, des scones, du fromage, de la confiture, du poisson... Et bien sûr, une généreuse théière. Ces *afternoon teas* gargantuesques étaient courants pour les membres de la classe moyenne, et pas aussi élégants que ceux servis aujourd'hui.

LE THÉ ÉCOSSAIS, ÇA EXISTE ?

Les palais les plus aiguisés sentiront la différence entre les très populaires « English breakfast tea » et « Scottish breakfast tea », qui ne résultent pas des mêmes mélanges ni des mêmes variétés de thé. Le thé cultivé en Écosse existe, mais il est rare. Et ce qui est rare est cher : entre £150 et £200 les 100 grammes ! Le thé, bien qu'il soit une plante himalayenne, pousse plutôt bien en Écosse. Plusieurs microfermes se sont lancées dans l'aventure, et certaines se sont alliées sous la marque Tea Gardens of Scotland.

Très populaires en Écosse, ces biscuits, composés de deux shortbreads glacés et garnis de confiture, étaient appelés « German biscuits » avant la Première Guerre mondiale. Lors de la guerre, ils furent renommés « Empire biscuits », bien que l'on trouve aussi parfois l'appellation « Belgian biscuits ». Ce changement de nom politique marqua les mémoires ! Et pour la petite histoire, en 2017, une équipe d'artisans pâtissiers et confiseurs des environs de Glasgow ont réalisé le plus grand Empire biscuit du monde, 18 kg, près d'un mètre de diamètre !

Préparation : 15 minutes
Repos : 1 heure
Cuisson : 30 minutes
Décoration : 30 minutes

Empire biscuits

Biscuits impériaux

Ingrédients pour 12 biscuits
200 g de beurre mou
100 g de sucre en poudre
300 g de farine + pour le plan de travail
2 œufs battus
1 cuil. à café d'extrait de vanille

La décoration
Confiture de framboises
180 g de sucre glace
6 cerises confites

Dans un saladier, mélangez au batteur électrique le beurre et le sucre jusqu'à obtenir un mélange crémeux. Ajoutez la farine, les œufs et la vanille. Filmez et laissez reposer 1 heure au réfrigérateur. Cette étape est importante car elle facilite l'étalage de la pâte. Préchauffez le four à 180 °C (th. 6). Sur une surface farinée, étalez la pâte au rouleau à pâtisserie sur 1 cm d'épaisseur. Découpez 24 disques de 7 cm de diamètre environ avec un emporte-pièce ou un verre. Placez les biscuits sur une plaque de cuisson chemisée de papier sulfurisé et enfournez pour environ 30 minutes. Ils doivent être dorés.

La décoration

Laissez les biscuits refroidir sur la plaque de cuisson. Groupez les biscuits par paires. Étalez de la confiture sur l'un, puis recouvrez-le du second. Dans un bol, mélangez le sucre glace avec un peu d'eau. La consistance doit être épaisse mais légèrement fluide. Attention, il est très facile de rendre le glaçage trop liquide, ajoutez l'eau peu à peu. Trempez chaque biscuit à la surface du glaçage, juste assez pour faire une fine couche sur le dessus. Ajoutez 1 demi-cerise confite au milieu et laissez sécher sur une grille.

Notes

Attendez que les biscuits soient bien refroidis avant de les manipuler car ils sont plus friables chauds. Ces biscuits se conservent 1 semaine à température ambiante dans une boîte hermétiquement fermée.

Version végane

Omettez les œufs et remplacez le beurre par de la margarine.

Une variante plus gourmande du classique sablé shortbread écossais. Le terme « millionaire » sous-entend que cette friandise est réservée aux plus aisés, qui opteraient plutôt pour la version plus riche du classique sablé. Nous, on adhère !

Préparation : 30 minutes
Cuisson : 30 minutes
Refroidissement : 2 heures

Millionaire's shortbreads

Sablés au caramel et chocolat

Cette recette se prépare en plusieurs étapes. Il est nécessaire de bien respecter les temps de refroidissement entre les différentes couches.

Les shortbreads

Préchauffez le four à 170 °C (th. 5/6). Recouvrez un moule rectangulaire de 20 x 30 cm avec du papier sulfurisé. On peut aussi utiliser une plaque de cuisson de la même taille. Cette étape est importante car elle permet de bien démouler le gâteau par la suite. Mélangez à la main le beurre, le sucre et la farine dans un saladier. Étalez la pâte dans le moule en pressant avec les mains afin de former une couche homogène. Enfournez à four chaud pour 20 minutes. Le gâteau doit être légèrement doré. Laissez refroidir 30 minutes dans le moule, sur une grille. Ne le démoulez pas.

Le caramel

Faites fondre le beurre à feu doux dans une casserole à fond épais. Ajoutez la cassonade et le lait concentré sucré et laissez mijoter pendant 8 à 10 minutes à feu doux en remuant régulièrement. Le caramel doit être épais et bien doré. Versez sur le shortbread refroidi et étalez de manière homogène avec une petite spatule ou avec le dos d'une cuillère à soupe. Ne démoulez pas. Laissez reposer pendant 30 minutes.

Le chocolat

Faites fondre 100 g de chocolat au bain-marie. Une fois qu'il est bien liquide, retirez du feu et ajoutez les 100 g restants. Remuez bien à l'aide d'une cuillère en bois jusqu'à ce que tout le chocolat soit fondu. Versez sur le caramel refroidi et étalez de manière homogène avec une petite spatule ou le dos d'une cuillère à soupe. Laissez refroidir à température ambiante au moins 1 heure ou, mieux, une nuit complète, et démoulez. Coupez le gâteau en 12 carrés.

Notes

Les carrés se conservent à température ambiante pendant 5 jours dans un récipient hermétiquement fermé. Vous pouvez préparer des shortbreads tout simples en suivant la première partie de la recette. Ajoutez 75 g de sucre au lieu de 50 g. Pour découper proprement les carrés, faites couler de l'eau bouillante sur la lame du couteau afin de la rendre bien chaude. Nettoyez la lame entre chaque utilisation et recommencez le processus. Faites des parts relativement petites car ces sablés sont assez consistants !

Ingrédients pour 12 carrés

Les shortbreads
175 g de beurre à température ambiante
50 g de sucre blanc
250 g de farine de blé tout usage

Le caramel
100 g de beurre
100 g de cassonade
1 boite de lait concentré sucré (397 g)

Le chocolat
200 g de chocolat à dessert
(55 % de cacao)

Bien que tout simple, le shortbread est un biscuit de fête, que l'on prépare et que l'on décore en avance. Il vous permettra d'exprimer vos envies et votre personnalité : en ferez-vous des barres ? des rondelles ? Et pourquoi pas des *petticoat tails* (des « queues de jupons »), en cuisant vos shortbreads dans un moule à tarte et en divisant le tout en parts égales, façon Trivial Pursuit...

Préparation : 10 minutes
Cuisson : 50 minutes

Highland shortbreads

Sablés des Highlands

Ingrédients pour 16 shortbreads
250 g de farine de blé
50 g de farine de riz fine
1 pincée de gros sel
100 g de sucre en poudre
+ pour saupoudrer
200 g de beurre à température ambiante coupé en dés

Préchauffez le four à 160 °C (th. 5/6). Dans un saladier, mélangez les farines de blé et de riz, le sel et le sucre. Incorporez le beurre en malaxant avec les mains jusqu'à obtenir une pâte homogène. Chemisez une plaque de cuisson de papier sulfurisé. Répartissez la pâte en appuyant avec les mains sur une épaisseur de 2 cm environ. Avec un cure-dents ou une fourchette, faites des trous aléatoirement. Enfournez pour 10 minutes à 160 °C, puis poursuivez la cuisson 40 minutes à 140 °C (th. 4/5). Les shortbreads doivent être légèrement dorés. Une fois les biscuits sortis du four, attendez 3 minutes, puis démoulez la pâte alors qu'elle est encore chaude. Taillez les bords au couteau pour qu'ils soient bien droits et découpez des rectangles. Saupoudrez de sucre en poudre. Laissez refroidir complètement sur une grille avant de les consommer. Manipulez les shortbreads avec précaution lorsqu'ils sont encore chauds car ils sont très friables et se cassent aisément.

Notes

Les shortbreads se conservent jusqu'à 1 semaine à température ambiante dans une boîte hermétiquement fermée. La farine de riz permet de donner un croustillant incomparable. Si vous n'en avez pas, elle peut être omise, il suffit de faire la recette avec 300 g de farine de blé à la place.

Version végane

Remplacez seulement le beurre par de la margarine.

Préparation : 10 minutes
Cuisson : 15 minutes

Cette version des scones, accompagnée de cheddar, vous transportera directement en Écosse. Le cheddar est un fromage d'origine anglaise, à base de lait de vache. En Écosse, près de 80 % des fromages produits aujourd'hui sont des cheddars. On en trouve des très bons dans l'Ouest, sur l'île de Mull, l'île d'Arran ou la péninsule de Kintyre, par exemple. Pour en savoir plus, tournez la page.

Cheddar scones

Scones au fromage

Ingrédients pour 5 scones
225 g de farine de blé tout usage
+ pour le plan de travail
1 cuil. à café de levure chimique
ou 1 sachet
½ cuil. à café de sel
60 g de beurre
70 g de cheddar râpé
1 œuf battu (la moitié pour dorer
les scones)
7,5 cl de lait
1 cuil. à café de moutarde de Dijon
ou à l'ancienne

Préchauffez le four à 180 °C (th. 6). Dans un saladier, mélangez la farine, la levure chimique et le sel. Ajoutez le beurre en petits morceaux et mélangez légèrement jusqu'à ce que la pâte fasse de grosses miettes. Incorporez le cheddar râpé. Dans un bol, mélangez la moitié de l'œuf battu avec le lait et la moutarde. Incorporez le tout à la préparation précédente et mélangez rapidement. Farinez le plan de travail et abaissez la pâte sur une épaisseur de 2 à 3 cm environ. Découpez des disques avec un emporte-pièce rond d'environ 8 cm de diamètre (ou un verre retourné). Déposez les scones sur une plaque de cuisson chemisée de papier sulfurisé et badigeonnez-les d'œuf battu avec un pinceau. Enfournez-les pour environ 15 minutes à four chaud jusqu'à ce qu'ils soient bien dorés.

Notes

Ces scones sont délicieux pour accompagner une soupe. Ils seront meilleurs le jour même, mais peuvent se conserver 4 jours dans une boîte hermétique. Pour varier les plaisirs, vous pouvez ajouter des herbes finement hachées, comme du thym ou du basilic. Vous pouvez aussi ajouter des graines de lin ou de tournesol pour plus de texture.

Orgie de FROMAGES

Parfois, pour aller vite, on peut résumer le paysage fromager du Royaume-Uni à un cheddar – merci, Wallace & Gromit ! En Écosse, le fromage est rarement le premier aspect de la gastronomie auquel on pense, et pourtant, il a toujours été consommé dans les communautés rurales. Ces vingt dernières années, le fromage écossais a connu une renaissance, sans jamais renier ses origines.

Le fromage est un aliment parfait pour l'Écosse. Transportable, conservable, riche en protéines, il a souvent permis aux communautés paysannes de résister à un rude hiver ou à une mauvaise récolte. La majeure partie des fromages écossais, résume Catherine Brown, sont faits à base de lait de brebis écrémé. La crème est transformée en beurre, le lait est bu, et le reste est transformé en fromage. Le plus traditionnel de tous, c'est le crowdie, ce fromage frais préparé en laissant simplement du lait écrémé épaissir naturellement du fait des acides lactiques, pendu dans un linge.

Le grand retour du fromage écossais

Pratiquement disparu après la Seconde Guerre mondiale, il revient sur le devant de la scène à la fin du XXe siècle. Aujourd'hui, il est préparé de manière plus industrielle, avec du lait pasteurisé. Certains utilisent du crowdie dans leurs cranachans (lire p. 140) au lieu de la crème… C'est le cas d'Iain Mellis, le fromager à la tête de I. J. Mellis Cheesemonger, dont la première fromagerie a vu le jour à Édimbourg en 1993. Iain a découvert le monde du fromage « presque par hasard : j'avais postulé à une annonce pour être technicien de laboratoire, on m'a envoyé travailler dans une fromagerie dans les Orcades, et ça a été la révélation ». Aujourd'hui, les fromageries se sont multipliées et, sur les présentoirs, parmi les fromages anglais et européens, les produits écossais font bonne figure et sont « de plus en plus demandés ».

Une production encore trop basse

Le problème est là : il n'y a pas assez de producteurs de fromage en Écosse, et chaque fromage est fait par une seule ferme, ou presque. Si la ferme cesse son activité, le fromage disparaît. « Le fromage écossais est surtout très populaire pour les restaurants qui veulent utiliser des produits locaux. Le cheddar de Mull, par exemple, est très populaire depuis le début. Récemment, il y a eu de nouveaux fromages de chèvre également, c'est génial. Il y a vraiment de quoi faire un beau plateau de fromages écossais », assure Iain. Avant les guerres mondiales, il y avait une plus grande variété de fromages. L'uniformisation et l'arrivée des supermarchés a changé la donne. Et pour l'avenir, alors, on se souhaite quoi ? « Je pense qu'il y a beaucoup de bonnes choses en place, mais je m'interroge : comment les générations les plus jeunes vont réussir à avoir accès à la terre, pour se lancer ? C'est une vraie question. »

LA RECETTE FROMAGÈRE D'IAIN

« Vous aimez le fenouil ? Moi oui. Et vous allez voir, ma recette est très simple. Je prends du fromage de chèvre, par exemple le cairnsmore (un fromage fermier à pâte dure, fait dans le sud-ouest de l'Écosse) et j'alterne les tranches de fromage et de fenouil dans un plat. Je recouvre de lait, et j'enfourne pendant deux heures. » On en salive déjà !

1. Clava Brie *2.* Laganory *3.* Hebridean Blue *4.* Elrick Log *5.* St Andrews Cheddar *6.* Anster

Les scones d'aujourd'hui, gonflés grâce à la levure chimique, n'ont pas grand-chose à voir avec les pains plats que l'on nommait ainsi au XVe siècle en Écosse. Ces petits pains denses sont dévorés partout dans le Royaume-Uni. Laquelle de ces versions préférerez-vous ?

Préparation : 10 minutes
Cuisson : 15 minutes

Plain scones

Scones nature

Préchauffez le four à 180 °C (th. 6). Mélangez la farine, la levure, le sel et le sucre dans un saladier. Incorporez le beurre par petits morceaux. Travaillez la pâte rapidement et légèrement jusqu'à obtenir de grosses miettes. Faites un puits au centre de la pâte et versez le lait. Travaillez la pâte jusqu'à ce qu'elle forme une boule homogène. Sur une surface légèrement farinée, abaissez la pâte sur 2,5 cm d'épaisseur à l'aide d'un rouleau à pâtisserie. Découpez les scones avec un emporte-pièce rond de 8 cm de diamètre environ jusqu'à épuisement de la pâte. Placez les scones sur une plaque de cuisson chemisée de papier sulfurisé et enfournez pour environ 15 minutes. Les scones doivent être dorés. Laissez refroidir sur une grille et dégustez ces scones le jour même avec de la confiture de framboises et de la crème fraîche.

Notes

Les scones sont meilleurs le jour même. Pour les déguster le lendemain, réchauffez-les à four chaud pendant 8 à 10 minutes. Ils retrouveront leur saveur et leur croustillant. Ils se conservent jusqu'à 4 jours dans une boîte hermétiquement fermée. Les scones se congèlent très bien, il faudra ajouter 5 minutes de cuisson par scone.

Ingrédients pour 8 scones de 8 cm de diamètre
- 350 g de farine de blé tout usage w + pour le plan de travail
- 2 cuil. à café de levure chimique ou 1 sachet
- 1 cuil. à café de gros sel
- 80 g de sucre en poudre
- 100 g de beurre salé mou
- 12 cl de lait

Pour servir
- Confiture de framboises
- Crème fraîche

Fruits scones

Scones aux raisins secs

Préparation : 10 minutes
Cuisson : 15 à 20 minutes
Repos : 30 minutes

Pour réaliser les scones aux fruits, suivez les mêmes étapes que pour la recette de scones nature. Ajoutez les raisins secs avec la farine, et étalez l'œuf battu au pinceau sur les scones avant la cuisson pour bien les dorer.

Ingrédients pour 6 scones de 8 cm de diamètre
- 225 g de farine de blé tout usage + pour le plan de travail
- 2 cuil. à café de levure chimique ou 1 sachet
- 40 g de raisins secs
- 1 cuil. à café de sel
- 50 g de sucre en poudre
- 80 g de beurre salé mou
- 1 œuf battu
- 10 cl de lait

Pour servir
- Marmelade d'orange

Confitures

Confiture de framboises à l'eau de rose

Préparation : 15 minutes
Cuisson : 30 minutes

Ingrédients pour 2 bocaux
750 g de framboises
750 g de sucre à confiture
Le jus d'1 citron
1 cuil. à soupe d'eau de rose (facultatif)

Dans une grande cocotte à fond épais, faites chauffer les framboises, le sucre et le jus de citron pendant 15 minutes après ébullition. Écumez régulièrement la mousse à la surface de la confiture avec une écumoire. À la fin de la cuisson, ajoutez l'eau de rose et versez dans des bocaux fraîchement stérilisés.

Notes

Pensez à stériliser un ou deux bocaux supplémentaires au cas où les fruits rendraient beaucoup de jus. Cette confiture se conserve 1 an dans un placard au frais à l'abri du soleil. À garder au réfrigérateur une fois ouvert.

Dundee marmalade

Marmelade d'oranges amères

La marmelade d'oranges amères – et non confiture, car cette dernière est lisse, alors que la marmelade contient des morceaux – était déjà consommée en Espagne, au Portugal puis en Écosse avant que Janet Keiller et son fils James ne s'intéressent à ce produit à la fin du XVIIIe siècle, à Dundee. S'ils n'ont pas inventé la marmelade elle-même, ils ont su la produire de manière industrielle, ce qui rendit ce produit très populaire. L'histoire familiale raconte que les Keiller se sont lancés dans cette aventure après avoir racheté, à bas prix, une cargaison d'oranges amères trop mûres. La famille Keiller de Dundee est aussi derrière le Dundee cake (lire p. 142).

Préparation : 45 minutes
Repos : 1 nuit
Cuisson : 1 h 30

Ingrédients pour 3 bocaux
750 g d'oranges amères non traitées
Le jus d'1 citron
75 cl d'eau
750 g de sucre à confiture
½ verre de whisky (facultatif)

Extraire le jus du citron et le jus des oranges. Versez le tout dans une grande cocotte à fond épais. Récupérez et hachez finement le zeste des oranges. Mélangez avec le jus dans la cocotte. Enrobez le reste des oranges (la partie blanche, la pulpe et les pépins) dans un torchon propre ou une mousseline en formant une bourse. Fermez avec de la ficelle, placez la bourse dans la cocotte avec le reste. Portez à ébullition et laissez cuire à petit bouillon à couvert pendant 1 heure environ. Retirez du feu et laissez reposer à température ambiante pendant toute une nuit sans retirer le couvercle. Le lendemain, retirez la mousseline du mélange. Ajoutez le sucre et portez le tout à ébullition. Laissez cuire pendant 30 minutes environ en retirant l'écume à la surface avec une écumoire. À la fin de la cuisson, versez le demi-verre de whisky et remuez pour bien homogénéiser. Stérilisez des bocaux selon la méthode de votre choix et remplissez-les de marmelade.

Notes

Pensez à stériliser un ou deux bocaux supplémentaires au cas où les fruits rendraient beaucoup de jus. Cette marmelade se conserve 1 an environ. Une fois un bocal entamé, gardez-le au réfrigérateur et consommez-le dans le mois après ouverture.

Gin lemon curd

Tartinade au citron et au gin

Cette crème de citron, que l'on trouve partout au Royaume-Uni, a été « écossisée » par nos soins en ajoutant une touche de gin. C'est exactement la même préparation que la crème de la tarte au citron, mais vous pouvez aussi la savourer avec du pain, des scones, ou vous en servir pour personnaliser vos desserts.

Préparation : 15 minutes
Cuisson : 20 minutes

Ingrédients pour 1 petit bocal
Le jus et les zestes de 2 citrons non traités
175 g de sucre en poudre
3 œufs
50 g de beurre
2 cuil. à soupe de gin (facultatif)

Dans une casserole, faites chauffer le jus et les zestes de citron avec le sucre jusqu'à ce qu'il soit dissous. Filtrez le jus pour enlever les morceaux de zestes et versez dans un bol résistant à la chaleur. Incorporez un à un les œufs en les battant avec un fouet. Mettez le bol à chauffer au bain-marie en mélangeant constamment pour que le curd n'accroche pas au fond. Laissez cuire à feu doux pendant 8 à 10 minutes jusqu'à ce que le mélange s'épaississe. Retirez du feu, ajoutez le beurre et le gin (facultatif) et mélangez jusqu'à ce que tout soit bien incorporé. Versez dans un bocal stérile.

Notes

Conservez au réfrigérateur pendant 1 mois maximum. Le curd peut s'utiliser comme de la pâte à tartiner, mais on peut aussi le mettre en décoration sur des gâteaux !

Voilà encore une variété de scone écossais, originaire, cette fois, de l'archipel des Orcades. Et plus précisément de l'île de Westray. En plus de déguster des fatty cutties frais, sur cette île, vous pouvez prendre le vol commercial le plus court du monde, en direction de l'île voisine de Papa Westray. Temps de vol : deux minutes. Loganair, la compagnie aérienne qui opère sur cette ligne, prévoit d'y déployer des avions électriques à partir de 2024.

Préparation : 15 minutes
Cuisson : 15 minutes

Fatty cutties

Scones à la poêle

Ingrédients pour 8 à 10 scones
- 225 g de farine + pour le plan de travail
- ½ sachet de levure chimique
- 30 g de sucre en poudre + pour saupoudrer
- ½ cuil. à café de sel
- 70 g de raisins secs (ou pépites de chocolat)
- 70 g de beurre mou découpé en cubes + 15 g pour la cuisson
- 10 cl de crème liquide

Dans un saladier, mélangez la farine, la levure, le sucre, le sel et les raisins secs. Ajoutez le beurre en mélangeant du bout des doigts pour former des miettes. Versez la crème liquide au fur et à mesure en mélangeant bien. La pâte doit être souple et ne doit pas trop coller. Sur une surface légèrement farinée, étalez la pâte au rouleau sur une épaisseur d'1,5 cm. Découpez des disques avec un verre ou un emporte-pièce. Faites chauffer une poêle à fond épais, de préférence en fonte. Une fois la poêle bien chaude, baissez le feu au minimum. Faites fondre le beurre et mettez les scones à cuire pendant 7 minutes. Retournez-les avec une spatule et aplatissez-les. Laissez cuire de nouveau 7 minutes. Laissez refroidir les scones sur une grille et saupoudrez-les de sucre avant de déguster.

Notes

Les scones se conservent 5 jours à température ambiante dans une boîte hermétiquement fermée. La cuisson à la poêle peut s'avérer compliquée. Si la poêle est trop fine ou le feu trop fort, les scones peuvent rapidement brûler à la surface et ne pas être cuits au centre. Par exemple, on a essayé avec une crêpière en aluminium et ça a été une catastrophe ! Si vous n'avez pas de poêle épaisse en fonte, vous pouvez les faire cuire 15 minutes à four chaud à 180 °C (th. 6). Les scones sont très friables, évitez de les manipuler quand ils sont encore chauds pour ne pas les casser.

Préparation : 20 minutes
Cuisson : 20 minutes
Repos : 2 heures

Le tablet, le caramel écossais, se distingue du fudge car il est légèrement plus dur, il a un certain grain. Le tablet a d'ailleurs, pour le même poids de sucre, un peu moins de lait que son voisin le fudge. Ces deux friandises sont pourtant délicieuses, et on aime les préparer à la maison et les offrir.

Scottish tablets

Caramels écossais au whisky

Ingrédients pour 24 caramels environ
500 g de sucre en poudre
12,5 cl de lait entier
20 g de beurre + un peu pour la plaque de cuisson
200 g de lait concentré sucré
1 cuil. à soupe de whisky

Attention aux risques de brûlure lors de la cuisson du caramel. Prenez vos précautions et utilisez une cuillère en bois et des maniques pour protéger vos mains. On vous recommande d'utiliser un thermomètre de cuisson pour vous aider.

Beurrez une plaque de cuisson d'environ 20 x 30 cm. Dans une cocotte à fond épais, faites chauffer à feu doux le lait et le sucre. Une fois le sucre dissout, versez le beurre et le lait concentré sucré. Augmentez la température jusqu'à ébullition. Quand le mélange atteint 120 °C, retirez du feu, versez le whisky et commencez à mélanger énergiquement avec une cuillère en bois. Continuez pendant 15 minutes environ, jusqu'à ce que la préparation ne soit presque plus liquide. Ne négligez pas cette étape, sinon les caramels seront trop compacts et n'auront pas cette texture crayeuse. Étalez sur la plaque de cuisson et laissez reposer à température ambiante pendant 2 heures sans y toucher. Découpez des rectangles et dégustez.

Note

Ces caramels se conservent 2 mois dans une boîte hermétiquement fermée, à température ambiante.

Cette friandise alvéolée aurait des racines dans le sud de l'Écosse et dans le nord de l'Angleterre, mais c'est aux États-Unis qu'elle est devenue populaire. Ayant à nouveau le vent en poupe au début du XXe siècle au Royaume-Uni, elle est préparée à la maison, pour les enfants, ou intégrée à diverses friandises, comme les barres de chocolat Cadbury®. Vous l'aurez compris, le nom de cette douceur fait référence à la forme des bulles qui rappelle l'intérieur des ruches.

Préparation : 5 minutes
Cuisson : 20 minutes
Repos : 2 heures

Honeycomb caramel

Caramels soufflés

Attention aux risques de brûlure lors de la cuisson du caramel. Prenez vos précautions et utilisez une cuillère en bois et des maniques pour protéger vos mains.

Chemisez une plaque de cuisson avec du papier sulfurisé. Dans une cocotte à fond épais, versez le sucre et le sirop d'érable. Mélangez et laissez cuire à feu doux jusqu'à dissolution du sucre. Augmentez ensuite le feu et laissez cuire jusqu'à obtention d'un caramel doré. Attention, surveillez bien car on peut très vite trop brûler le caramel. Retirez du feu et ajoutez le bicarbonate de soude. Mélangez vigoureusement quelques instants. Des bulles et de la mousse vont se former, c'est normal. Versez immédiatement le contenu sur la plaque de cuisson. Laissez reposer pendant 2 heures à température ambiante sans y toucher pour que le caramel durcisse. Cassez les morceaux en frappant le caramel avec un rouleau à pâtisserie.

Note

Ces caramels se conservent 2 mois dans une boîte hermétiquement fermée, à température ambiante.

Ingrédients pour 24 caramels environ
200 g de sucre en poudre
100 g de sirop d'érable
2 cuil. à café de bicarbonate de soude

Tissus, tartans et KILTS

L'Écosse, grande productrice d'étoffes

En arrivant dans les îles Britanniques, les Romains trouvèrent déjà une activité liée à la filature de la laine et au tissage, pour fabriquer des étoffes chaudes et résistantes. Une activité qui a pris un rythme industriel dès le XVIIIᵉ siècle, avec le développement du coton, du jute, du lin... Aujourd'hui, on considère que seules 9 000 personnes travaillent dans l'industrie textile.

Le kilt, d'un vêtement paysan à l'appropriation par les élites

À l'origine, le kilt écossais était un vaste pan de tissu épais, qui était plié puis enroulé autour de la taille. Ses couleurs n'étaient pas aussi vives que celles des kilts actuels, puisque les seuls tons disponibles étaient ceux de la nature écossaise... Un pan du tissu pouvait alors se rabattre sur l'épaule. Au XVIIIᵉ siècle, ce vêtement a été modernisé et adopté par plusieurs régiments écossais. Temporairement banni par le pouvoir central, le kilt a ensuite été la pièce maîtresse de l'image d'une Écosse romantique et traditionnelle, construite au XIXᵉ siècle.

Aujourd'hui, les kilts sont portés lors des mariages, des *ceilidhs*, ces soirées dansantes écossaises, ou lors des Highland games et des grands événements sportifs (lire p. 177).

La majeure partie des kilts sont faits en tartan, un tissu aux tons variés où s'entrecroisent des lignes. Il existe près de 13 000 tartans enregistrés dans le *Registre des tartans*, mais seules quelques centaines sont disponibles chez les tisserands. En Écosse, plusieurs kiltmakers, les artisans du kilt, se battent pour que la confection à la main soit mieux mise en valeur.

« Le kilt se porte plus fréquemment maintenant »

Gordon Nicolson propose des kilts faits à la main à Édimbourg, à l'achat ou à la location. Il travaille avec une équipe d'artisans qui réalisent les kilts à la demande. Il y a plusieurs mois d'attente avant de pouvoir se faire confectionner un kilt sur mesure.

Gordon, quelle est l'erreur la plus commune que les gens font, à propos du kilt ?

Ils ne savent pas quelle doit être sa longueur ! Les personnes plus âgées ont tendance à le porter au-dessus du genou, mais les plus jeunes le préfèrent sous le genou. Pour nous, c'est une tâche quotidienne que d'expliquer à nos clients comment le kilt traditionnel se porte. Mais il y a aussi un cliché : si tu es écossais, tu sais comment porter le kilt. Ce n'est pas vrai du tout !

En l'espace de trente ans, avez-vous vu les habitudes des consommateurs changer ?

Oui, car à l'époque, il y avait beaucoup moins de choix dans le style ou les couleurs. Dans les années 1980, on a vu apparaître les kilts unis, en tweed, ce qui a beaucoup élargi le marché. Et puis, dans les années 1990, la sortie du film *Braveheart* a donné envie aux plus jeunes de revenir vers le kilt, même si le vrai William Wallace n'a jamais porté ce vêtement. Enfin, plus récemment, *Outlander* a aussi réveillé l'intérêt pour le kilt. De manière générale, je trouve que le kilt se porte plus fréquemment maintenant qu'il y a trois décennies. Et je suis heureux de voir que les jeunes se sentent toujours intéressés par ce vêtement.

Vous êtes aussi un créateur de tartan. Comment ça se passe ?

Un nouveau tartan doit toujours être unique. Quand on me demande d'en créer un, j'établis une palette de couleurs et je travaille sur plusieurs propositions. Le client peut ensuite choisir celle qui lui plaît le plus. Je travaille avec deux fabricants de tartan écossais, qui vont ensuite tisser l'étoffe. J'ai fait le tartan officiel de l'université d'Édimbourg, de l'équipe nationale de football écossaise et, plus récemment, un tartan pour la marque automobile Subaru.

Que souhaitez-vous aux kiltmakers du futur ?

Pour nous, la transmission du savoir est importante, c'est pour cela que nous avons créé une académie en 2016, qui a formé environ 120 personnes à l'art du kiltmaking. J'espère que les kiltmakers du futur continueront à mettre en avant la qualité de cet artisanat en préservant les techniques. Au moins, dans le monde du kilt, elles ne changent pas beaucoup !

LA FICHE D'IDENTITÉ DU KILT

- Un vêtement d'environ 8 mètres de tissu en laine, comptant plusieurs plis à l'arrière.

- On se demande souvent s'il faut porter quelque chose sous le kilt. La réponse : c'est une décision personnelle ! Cela dit, il est de mise de garder ses dessous quand on loue un kilt pour un événement.

- Le kilt a plusieurs accessoires : le *sporran,* la sacoche portée à l'avant du kilt, le *kilt pin*, une broche portée au coin du kilt, une belle veste, et les chaudes chaussettes en laine...

- Le coût de la tenue complète se situe entre 1 000 et 2 000 euros ; pas surprenant quand on voit le temps de travail nécessaire à sa réalisation !

« Un vêtement à chérir »

Mathilde Goubet et Jonathan Billot, de Auld Alliance Kiltmakers, sont des artisans créateurs de kilts installés à Édimbourg. Ils ont été formés par Gordon Nicolson et son équipe en 2020. Ils défendent une vision novatrice et créative de cet artisanat, au carrefour de leurs influences écossaises et françaises.

Pourquoi avez-vous eu envie de vous former à la création de kilts ?

Nous avons toujours été des passionnés de couture, de textile et de création en général. Durant notre premier long voyage en Écosse en 2017, nous sommes tombés amoureux des étoffes produites ici, notamment le tweed et le tartan. Lorsque nous avons découvert qu'il existait des formations pour apprendre à fabriquer des kilts de manière artisanale, ça a été le déclic ! Le kilt est un emblème de la culture écossaise qui nous a intéressés, et notre curiosité nous a poussés à en comprendre toute l'ingénierie.

À quoi sert un kilt, selon vous ?

Le port du kilt n'a rien d'anodin : cet habit se remarque et attise la curiosité. Selon nous, le kilt est le vêtement idéal pour exprimer sa personnalité, grâce à tous les tartans existants. Porter le kilt, c'est aussi porter ses couleurs et ainsi créer un lien fort avec une famille, un clan, voire une région particulière. Enfin, nous voyons également le kilt comme un investissement familial important : c'est un vêtement à chérir et sa grande qualité lui assure une belle longévité.

Aujourd'hui, quels sont les défis auxquels les kiltmakers font face ?

Ils sont nombreux ! L'explosion de la production de kilts réalisés de manière industrielle a entraîné une sous-évaluation du travail artisanal ces dernières décennies. Le défi des kiltmakers d'aujourd'hui, c'est d'informer, montrer leur savoir-faire et expliquer que faire un kilt artisanal et sur mesure prend beaucoup de temps : entre 20 et 30 heures de travail à la main selon la rapidité de l'artisan. Grâce aux réseaux sociaux, les artisans peuvent désormais s'adresser directement à leurs clients. Ils peuvent ainsi se défaire des intermédiaires dont ils étaient dépendants pour la vente, obtenir une meilleure rémunération pour leur travail, et stopper la disparition progressive de cet artisanat.

Comment voyez-vous l'avenir de l'art de fabriquer un kilt ? Cet artisanat doit-il évoluer ?

Les kilts traditionnels tels qu'on les confectionne aujourd'hui suscitent toujours un engouement important en Écosse et ailleurs ! Notre mission en tant qu'artisans est double. D'une part, il faut préserver les techniques et le savoir traditionnel pour assurer le futur de cet artisanat. D'autre part, nous voulons innover et proposer des kilts qui s'adaptent à une clientèle qui souhaite parfois jouer avec les codes.

> "Bonnie feathers mak bonnie birds."
>
> « De belles plumes font de beaux oiseaux. »
>
> PROVERBE ÉCOSSAIS

LE DESSERT
une histoire de sucre

Biscuits, variations de scones, crêpes et autres desserts crémeux sont légion sur les cartes des restaurants écossais.

Il nous a d'ailleurs fallu faire quelques sacrifices sucrés en choisissant les recettes pour ce chapitre ! Mais pour comprendre le développement des desserts en Écosse, il faut avant tout s'intéresser à l'histoire du sucre.

Le dessert, un emprunt à la France

Et cette histoire, elle est très politique. Avant le XVIIe siècle, le sucre se résumait à l'usage du miel. Cependant, Annette Hope note que la Auld Alliance, le pacte politique et économique qui reliait la France et l'Écosse, a permis aux nobles écossais de découvrir le luxe des desserts avant leurs voisins anglais. Selon l'historienne, le mot « dessert » serait apparu dans le scots, la langue parlée dans le sud de l'Écosse, dès 1590. La cour française de Marie Stuart aurait inspiré l'habitude de servir un plat après l'autre, au lieu de tout présenter sur la table en même temps. Le repas se termine alors avec le dessert, quand les tables sont « desservies » et que des fruits et autres douceurs sont proposés dans une autre pièce. Le mot « dessert » ne serait, selon la chercheuse, apparu dans la langue anglaise qu'un siècle plus tard.

L'esclavage au cœur de la popularisation du sucre

C'est avec le développement de l'Empire colonial britannique et du commerce triangulaire que le sucre devient peu à peu accessible aux Écossais. Rapidement au cours du XVIIIe siècle, Glasgow devient le premier port d'importation du sucre au Royaume-Uni et plusieurs raffineries ouvrent dans les environs. La ville de Glasgow s'enrichit et se construit au rythme des cargaisons qui arrivent tout droit de l'île de la Barbade, ou encore de celle de Tobago. Là, nombre de propriétaires de plantations faisaient travailler des centaines d'esclaves, dont on voit les noms dans les archives, listés parmi les biens et le bétail. Il faut attendre les années 1830 pour voir l'esclavage disparaître dans l'Empire britannique.

Du sucre, des cuisines et des fruits

Face à l'afflux du sucre, les prix commencent à baisser et c'est toute une nation qui s'empare d'un aliment nouveau. La consommation de sucre au Royaume-Uni, selon David Bremner (1968) est passée de 10 000 tonnes au début du XVIIIe siècle à 700 000 tonnes au tournant du XIXe. La population a augmenté, soit, mais pas d'autant !

En parallèle, pointe Annette Hope, les cuisines se diversifient et intègrent de plus en plus des fours à charbon, qui permettent de réaliser plus facilement gâteaux et sucreries. Nécessairement, la demande de fruits frais augmente également et on voit les vergers écossais prendre de l'importance. Tout est lié.

Si certaines spécialités sont bien plus anciennes, nombre de recettes datent du XIXe siècle, où il était plus facile de diffuser les livres de recettes et où l'industrie joue également un rôle important : c'est le cas du Dundee cake, popularisé et diffusé à grande vitesse par la famille Keiller, qui produisait déjà la Dundee marmelade connue de tous.

Souvent surnommé « le roi des desserts », le cranachan est simple mais plein de finesse. Il ne sera réussi que si l'on sélectionne des ingrédients de qualité : framboises (ou autre fruit) très fraîches, avoine écossaise, miel local et votre whisky préféré. S'il apparaît surtout aujourd'hui dans les menus festifs, c'est avant tout un dessert familial et sans prétention, dont les éléments sont parfois servis séparément pour permettre aux convives de concevoir leur propre cranachan.

Préparation : 30 minutes

Cranachan

Verrines de framboises et crème fouettée à l'avoine et au whisky

Ingrédients pour 4 verrines
- 450 g de framboises
- 2 cuil. à soupe de sucre en poudre
- 75 g de flocons d'avoine
- 45 cl de crème liquide entière bien froide
- 3 cuil. à soupe de whisky
- 3 cuil. à soupe de miel liquide

Gardez quelques framboises entières pour la décoration. Écrasez le reste à la fourchette dans un grand bol et ajoutez-y le sucre en poudre. Réservez. Faites revenir à la poêle les flocons d'avoine pendant quelques minutes jusqu'à ce qu'une délicieuse odeur de noisette s'en dégage. Réservez. Dans un saladier, montez la crème au batteur électrique jusqu'à ce qu'elle soit ferme (mais pas trop). Incorporez délicatement le whisky, le miel et les flocons d'avoine. Montez les verrines : versez un peu de coulis de framboises au fond, remplissez de crème fouettée, recouvrez d'un peu de coulis, ajoutez 1 ou 2 framboises fraîches sur le dessus.

Notes

Ces verrines sont à déguster le jour même, elles ne se conservent pas. Si vous utilisez des framboises surgelées, pensez à les décongeler la veille. Griller les flocons d'avoine est vraiment important, cela permet de rendre la recette encore plus savoureuse ! Pour une version plus légère, diminuez la quantité de crème par deux et remplacez-la par du fromage blanc. Dans ce cas, il faut monter la crème seule, puis ajouter le fromage blanc après en mélangeant délicatement.

Version végane

Utilisez 1 boîte de crème de coco (20 cl) bien fraîche et fouettez-la comme dans la recette.

Janet Keiller vivait à Dundee au XVIIIe siècle. Sa spécialité ? Les confitures, les conserves et les gâteaux. Son fils transforma le petit commerce familial en véritable usine à confitures, où pendant l'hiver – quand il n'y a pas de fruits – il fabriquait le Dundee cake avec des zestes d'orange confits, restes de la saison des confitures. Le Dundee cake, reconnaissable aux amandes grillées qui le décorent, eut immédiatement du succès et est toujours savouré aujourd'hui. Catherine Brown, autrice de nombreux livres sur la cuisine écossaise, a largement contribué à asseoir la spécificité régionale de ce mets, qui plaira, on le sait, à tous les amoureux des raisins secs !

Préparation : 30 minutes
Cuisson : 2 heures

Dundee cake

Gâteau de Dundee

Préchauffez le four à 160 °C (th. 5/6). Dans un bol, mettez à macérer les raisins secs dans le whisky, avec le jus d'orange et son zeste. Dans un saladier, mélangez au batteur électrique le beurre et le sucre jusqu'à obtenir une pâte crémeuse et mousseuse. Ajoutez les œufs battus un à un tout en continuant de mélanger. Incorporez le sel, la levure chimique, la farine, le quatre-épices et la poudre d'amandes. Mélangez bien. Intégrez les raisins, le jus d'orange, le whisky, ainsi que les cerises confites, les oranges confites et les noix de pécan. Chemisez un moule à manqué de 16 cm de diamètre avec du papier sulfurisé. Versez la pâte dedans et décorez avec des amandes émondées sur le dessus. Enfournez pour 2 heures à four chaud. Si les amandes deviennent trop colorées, recouvrez le gâteau avec du papier d'aluminium au bout d'1 heure de cuisson.

Notes

Il faut environ 200 g de fruits secs. Nous vous recommandons d'utiliser 100 g de raisins secs et ensuite on peut varier les plaisirs : pommes séchées, canneberges, mangue ou pruneaux sont aussi de délicieuses options ! Ce gâteau se conserve 1 semaine dans une boîte hermétiquement fermée à température ambiante. Si vous ne voulez pas utiliser de whisky, vous pouvez faire infuser les raisins secs avec 4 cuillerées à soupe de thé noir bien corsé (type Scottish breakfast), ou juste doubler la quantité de jus d'orange frais.

Version végane

Les changements sont vraiment simples ! Remplacez le beurre par de la margarine et les 3 œufs par 2 bananes bien mûres. Le protocole reste le même.

Ingrédients pour 8-10 personnes
100 g de raisins secs (blonds et/ou bruns)
4 cuil. à soupe de whisky de Speyside (pas trop tourbé mais bien sucré)
1 orange non traitée (le zeste et le jus)
175 g de beurre pommade à température ambiante (c'est vraiment important pour cette recette)
175 g de sucre roux
3 œufs battus
½ cuil. à café de sel
½ sachet de levure chimique
230 g de farine
1 cuil. à café de quatre-épices
50 g de poudre d'amandes
50 g de cerises confites coupées en deux
50 g d'oranges confites coupées en cubes
50 g de noix de pécan grossièrement concassées
50 g de d'amandes blanches émondées environ

Vous avez aimé les mince pies ? Vous allez adorer la tarte d'Ecclefechan. Cette tarte aux fruits secs, traditionnellement composée de raisins secs et de noix, est aujourd'hui faite avec une plus grande variété de fruits secs – c'est pour cela que nous vous proposons cette version avec des noix de pécan. Elle est originaire de la petite bourgade d'Ecclefechan, dans la région de Dumfries et Galloway, à quelques pas de la frontière anglaise. Elle ressemble également à la tarte des Borders.

Préparation : 30 minutes
Cuisson : 50 minutes

Ecclefechan tart

Tarte aux raisins secs et aux noix de pécan

Préchauffez le four à 180 °C (th. 6). Dans un grand saladier, battez le beurre et le sucre avec un fouet ou un batteur électrique jusqu'à obtenir un mélange bien mousseux. Incorporez les œufs un à un en mélangeant bien. Ajoutez la cannelle, le jus et le zeste de citron. Mélangez, puis intégrez les raisins et les noix de pécan. Sur une surface bien farinée, étalez la pâte brisée au rouleau sur une épaisseur d'environ 5 mm. Beurrez un moule à tarte de 22 cm de diamètre et placez-y la pâte étalée. Remplissez la tarte avec la garniture. Enfournez à four chaud pour 50 minutes environ. À la sortie du four, badigeonnez la tarte de sirop d'érable avec un pinceau pour la rendre bien brillante (facultatif). Démoulez et laissez refroidir. Dégustez avec un peu de crème fraîche ou une boule de glace à la vanille.

Ingrédients pour 8 personnes
1 pâte brisée (du commerce ou recette p. 17)
300 g de raisins secs
200 g de noix de pécan grossièrement hachées
125 g de beurre très mou
120 g de sucre brun
2 œufs battus
1 cuil. à café de cannelle moulue
1 citron non traité (le zeste et le jus)
Sirop d'érable (facultatif)
Farine pour le plan de travail
Beurre pour le moule

Notes

Cette tarte se conserve pendant 5 jours à température ambiante dans une boîte hermétiquement fermée. Vous pouvez varier les noix en utilisant des noix de Grenoble. Pour une version express, achetez une pâte brisée toute faite.

Version végane

Utilisez une pâte brisée végane toute prête. Remplacez les œufs par 1 banane bien mûre réduite en purée.

Préparation : 30 minutes
Cuisson : 55 minutes
Repos : 15 minutes

Présent sur toutes les cartes, que ce soient celles des pubs ou des grands restaurants, le sticky toffee pudding suscite toujours des questions. Sans doute parce que son nom ne donne que peu d'indices sur sa composition. Le caramel, ça va, on avait deviné. Mais... les dattes, c'est une surprise ! C'est justement la présence de ce fruit sec qui donne à ce dessert son goût et son moelleux uniques.

Sticky toffee pudding

Gâteau aux dattes et son nappage au caramel

Ingrédients pour 8 personnes

Le gâteau
180 g de dattes medjool dénoyautées et finement émincées
1 pincée de bicarbonate de soude
130 g de sucre roux
75 g de beurre bien mou
+ pour le moule
2 œufs battus
180 g de farine
½ sachet de levure chimique

La sauce caramel
125 g de beurre
120 g de sucre roux
1 cuil. à café d'extrait de vanille
20 cl de crème liquide

Préchauffez le four à 180 °C (th. 6). Mettez à tremper les dattes dans 30 cl d'eau bouillante et saupoudrez de bicarbonate de soude. Laissez reposer 10 minutes environ. Dans un saladier, mélangez le beurre avec le sucre au batteur électrique ou au fouet jusqu'à ce que le mélange soit bien mousseux. Les résultats sont bien meilleurs lorsque le beurre est très mou. Incorporez graduellement les œufs en mélangeant toujours avec le batteur, puis intégrez la farine, la levure et les dattes en mélangeant délicatement. La pâte est très liquide, c'est normal. Graissez un plat à gratin ou plusieurs ramequins et versez la pâte dedans. Laissez au moins 2 cm de libre depuis le bord. Enfournez à four chaud pour au moins 50 minutes. Le gâteau devrait se détacher des bords du moule. Pendant ce temps, préparez le caramel. Dans une casserole, faites fondre le beurre à feu moyen. Ajoutez le sucre et la vanille et mélangez bien jusqu'à ce que le sucre soit dissous. Versez la crème liquide et portez à ébullition. Laissez mijoter pendant 4 à 5 minutes, le temps que le caramel s'épaississe un peu.

Une fois que le gâteau est cuit, attendez 15 minutes, puis nappez-le de caramel. Servez tiède, avec par exemple une boule de glace à la vanille ou de la crème anglaise (voir recette p. 17).

Note

Ce gâteau se conserve pendant 1 semaine au réfrigérateur. Il est bien meilleur réchauffé que mangé froid.

Version végane

Remplacez les œufs par 1 banane bien mûre écrasée et le beurre par de la margarine. Pour la sauce au caramel, remplacez le beurre par de la margarine, et la crème liquide par de la crème de coco ou une autre crème végétale. La recette et les temps de cuisson restent les mêmes.

Ce célèbre dessert britannique du XIXe siècle est intimement lié à l'invention du Golden syrup, un sirop à base de sucre, d'eau et d'acide citrique. Depuis son invention, la marque anglaise Lyle's® est à la tête du marché, et produit aujourd'hui plus d'un million de boîtes de conserve contenant du Golden syrup. Celui-ci est fréquemment utilisé pour préparer des flap jacks, cookies et autres gâteaux.

Préparation : 20 minutes
Cuisson : 1 h 30
Repos : 15 minutes

Treacle tart

Tarte au sucre

Préchauffez le four à 180 °C (th. 6). Étalez la pâte au rouleau sur une surface farinée. Elle doit faire environ 5 mm d'épaisseur. Beurrez un moule à tarte de 22 cm de diamètre environ et placez-y la pâte étalée. Placez une feuille de papier sulfurisé froissée sur le fond de tarte et remplissez de haricots secs (ou de pois chiches secs). Faites cuire la tarte à blanc pendant 20 minutes, puis retirez le papier sulfurisé et les pois et continuez la cuisson pendant 10 minutes supplémentaires pour dorer le fond de tarte. Préchauffez le four à 150 °C (th. 5). Vérifiez que les morceaux de pain sont bien secs. Sinon, étalez-les sur une plaque de cuisson et laissez cuire à four chaud pendant 5 minutes afin qu'ils soient croustillants. Passez le pain au robot pour obtenir des miettes. Vous pouvez aussi le mettre dans un sac de congélation et écraser avec un rouleau à pâtisserie. Mélangez le sirop d'érable avec les œufs et la crème jusqu'à obtenir une préparation homogène. Ajoutez les miettes de pain, mélangez légèrement et versez sur le fond de tarte. Enfournez à four chaud pour 50 minutes. Laissez refroidir 15 minutes avant de démouler. Cette tarte se consomme tiède avec de la crème fraîche ou de la crème anglaise (voir recette p. 17).

Ingrédients pour 8 personnes
1 pâte brisée (du commerce ou recette p. 17)
180 g de baguette ou de pain de mie rassis coupé en morceaux
600 g de sirop d'érable (ou Golden syrup si vous pouvez en trouver)
2 œufs battus
3 cuil. à soupe de crème fraîche
Farine pour le plan de travail
Beurre pour le moule

Notes

La treacle tart se conserve jusqu'à 1 semaine à température ambiante dans une boîte hermétiquement fermée. Vous pouvez aromatiser le sirop avec du rhum ou de la fleur d'oranger, mais aussi réaliser cette tarte avec du miel ou du sirop d'agave pour changer le goût.

Version végane

Remplacez le beurre par de la margarine et la crème fraîche par une crème végétale de votre choix. Les temps de cuisson sont les mêmes.

Disponibles dans les pâtisseries et supermarchés à la période de Noël, les célèbres petites mince pies ont une histoire passionnante : leurs ancêtres seraient apparus en Angleterre à la fin du XIVe siècle. À l'époque, la viande était mélangée aux épices, puis cuite dans une pâte brute. Ainsi, la viande pouvait se conserver de longs mois. Au XVIIIe siècle, la viande disparaît peu à peu de cette recette. Et avec la popularisation du sucre, l'ancienne tourte à la viande devient la tartelette sucrée et épicée que nous trouvons sur toutes les tables de Noël aujourd'hui.

Préparation : 1 h 30
Repos : 1 nuit
Cuisson : 30 minutes

Mince pies
Tartelettes de Noël

Ingrédients pour 10 à 12 tourtes individuelles
- 1 pâte brisée (du commerce ou recette p. 17)
- Beurre pour les moules

Le mincemeat – farce aux fruits secs
- 2 oranges non traitées (le jus et le zeste)
- 1 citron non traité (le jus et le zeste)
- 100 g de pomme râpée
- 250 g de fruits secs coupés en petits morceaux
- 50 g de raisins blonds
- 50 g de raisins secs
- 50 g de dattes dénoyautées
- 50 g d'abricots secs
- 50 g de figues séchées
- 40 g de noix de pécan hachées
- 10 cl de whisky
- 1 cuil. à café de cannelle moulue
- 1 cuil. à café de quatre-épices
- 1 pointe de couteau de noix de muscade
- 1 cuil. à café d'extrait de vanille

Préparez le mincemeat la veille : mélangez tous les ingrédients dans un saladier. Versez dans une casserole et faites chauffer à feu doux en mélangeant pendant 5 à 8 minutes pour que le liquide soit absorbé, mais avant que la farce n'attache au fond de la casserole. Stockez à température ambiante dans un bocal hermétiquement fermé. Laissez macérer pendant la nuit. Le jour même, préchauffez le four à 180 °C (th. 6). Étalez la pâte brisée au rouleau en une abaisse de 5 mm. Découpez des disques à l'emporte-pièce d'un diamètre un peu plus large que celui des moules à muffins. Beurrez les moules et placez la pâte brisée. Remplissez les moules avec la farce aux fruits secs. Laissez 5 mm de libre en haut car la pâte va gonfler en cuisant. Étalez les restes de pâte brisée sur 5 mm d'épaisseur et découpez des étoiles du diamètre des moules à muffins. Si vous n'avez pas d'emporte-pièce étoile, découpez des disques du même diamètre et faites une incision au centre pour que la vapeur puisse s'échapper durant la cuisson. Recouvrez les tourtes avec les étoiles ou les disques, puis enfournez à four chaud pendant 30 minutes, jusqu'à ce que les tourtes soient bien dorées. Si la farce commence à trop brunir, recouvrez de papier d'aluminium et terminez la cuisson. Dégustez les mince pies encore chaudes ou tièdes.

Notes
Les mince pies se conservent jusqu'à 5 jours à température ambiante dans une boîte hermétiquement fermée. Le choix des fruits secs et des noix est donné à titre indicatif, vous pouvez utiliser tout ce que vous aimez. Vous pouvez par exemple préparer une version un peu plus exotique avec de la mangue séchée, de l'ananas et un peu de noix de coco râpée. Pour une version express, optez pour une pâte brisée pur beurre du commerce.

Version végane
La farce aux fruits secs étant déjà végane, il suffit d'utiliser une recette de pâte brisée végane ou d'en acheter une toute faite.

Préparation : 15 minutes
Cuisson : 3 heures

Si cette spécialité écossaise est dans ce livre, c'est parce qu'elle est délicieuse. Mais c'est aussi parce que son nom, son histoire et son mode de cuisson sont cocasses ! Son nom signifie littéralement « gâteau au torchon », puisque la pâte est cuite à la vapeur ou dans de l'eau bouillante. On trouve déjà les clootie dumplings dans les livres de recettes du XVIIIe siècle, et en 300 ans la recette n'a presque pas changé. Si la cuisson au torchon était alors plus fréquente, aujourd'hui, elle ne résiste que grâce aux clootie dumplings, savourés pour les fêtes de fin d'année et les anniversaires.

Clootie dumpling

Gâteau bouilli au torchon

Ingrédients pour 4 personnes
225 g de farine + pour la cuisson
½ sachet de levure chimique
½ cuil. à café de bicarbonate de soude
100 g de sucre en poudre
1 cuil. à café de cannelle moulue
2 cuil. à café de quatre-épices
80 g de beurre mou
230 g de mélange de fruits secs (raisins, dattes, écorces d'agrumes confites, mangues, pommes...) dans les proportions que vous voulez
1 cuil. à café de mélasse noire
1 œuf battu
22,5 cl de lait entier
Huile

Dans un grand bol, mélangez la farine, la levure, le bicarbonate de soude, le sucre, la cannelle et le quatre-épices. Incorporez le beurre jusqu'à obtenir des miettes, puis ajoutez les fruits secs, la mélasse, l'œuf et le lait. La pâte doit être bien solide mais molle. Imbibez un torchon propre d'huile et saupoudrez de farine pour obtenir une fine couche régulière. Secouez pour enlever l'excédent. Cette couche va former la peau autour du gâteau et lui permettre de garder son moelleux plus longtemps. Tapissez un saladier avec le torchon fariné, puis versez la pâte au centre. Refermez le torchon avec une ficelle pour former une bourse. Il faut bien serrer pour que cela reste hermétique. Laissez un peu d'espace entre la pâte et la ficelle afin que le gâteau ait la place de gonfler. Remplissez une large cocotte à fond épais à moitié d'eau bouillante, disposez une assiette à l'envers sur le fond, cela permettra au gâteau de ne pas brûler. Portez à ébullition, puis disposez le gâteau sur l'assiette. Il doit être recouvert aux trois quarts, ajoutez de l'eau si besoin. Couvrez et laissez cuire à petit bouillon pendant 3 heures. Vérifiez le niveau d'eau toutes les heures environ. Une fois le gâteau cuit, trempez-le pendant 10 secondes dans un saladier rempli d'eau glacée. Cela permet de décoller le gâteau du torchon sans déchirer la croûte. Enlevez les ficelles et le torchon. Déposez le gâteau sur une plaque de cuisson et enfournez pour 10 minutes à 180 °C (th. 6) pour sécher la croûte qui s'est formée autour du gâteau. Dégustez chaud avec de la crème anglaise (voir recette p. 17).

Notes

Contrairement aux idées reçues, ce gâteau est très savoureux et incroyablement moelleux. Il demande un peu d'attention lors du démoulage mais si vous l'avez trempé au préalable dans l'eau glacée, tout se passera bien ! Il se conserve au moins 1 semaine dans une boîte hermétiquement fermée à température ambiante.

Version végane

Il suffit de remplacer l'œuf par 1 banane écrasée bien mûre, le beurre par de la margarine et le lait par le lait végétal de votre choix !

Ce grand classique de la cuisine britannique contient une addition bien écossaise : une goutte de whisky ! Vous pouvez également ajouter des flocons d'avoine à la préparation, et choisir d'autres fruits écossais, comme la rhubarbe, par exemple.

Préparation : 15 minutes
Cuisson : 45 minutes

Crumble

aux pommes et aux mûres

Ingrédients pour 6 personnes
4 pommes épluchées, évidées et coupées en morceaux
250 g de mûres légèrement écrasées
Le jus d'1 citron
3 cuil. à soupe de farine
2 cuil. à soupe de whisky
100 g de sucre en poudre

Le crumble
240 g de farine
150 g de beurre mou
120 g de sucre cassonade

Préchauffez le four à 180 °C (th. 6). Dans un saladier, mélangez les fruits, le jus de citron, la farine, le whisky et le sucre. Versez le tout dans un plat à gratin. Pour le crumble, mélangez du bout des doigts dans un saladier la farine, le beurre et le sucre jusqu'à obtenir des miettes. Répartissez le mélange en une couche homogène sur les fruits. Enfournez à four chaud pour 45 minutes environ. Le crumble doit être bien doré et les fruits tendres et cuits dans leur jus. Il se déguste tiède avec une boule de glace.

Notes

Ce crumble se conserve 2 à 3 jours au réfrigérateur dans une boîte hermétiquement fermée. Il se décline avec tous les fruits.

Ce gâteau peu connu nous vient de l'île de Skye. Il est léger et vaporeux, et on s'est dit qu'il avait vraiment sa place dans ce livre ! Il est également parfois appelé « hot marmalade pudding » car on peut le préparer avec environ 8 cuillerées de confiture d'oranges amères à la place du zeste d'orange.

Préparation : 20 minutes
Cuisson : 1 h 30

Glister pudding

Gâteau vapeur orange et whisky

Ingrédients pour 4 personnes
- 150 g de beurre très mou + pour le moule
- 100 g de sucre en poudre
- 3 œufs
- Le zeste d'1 orange non traitée râpé finement
- 1 cuil. à soupe de whisky (facultatif)
- 2 cuil. à soupe de lait
- 225 g de farine
- ½ sachet de levure chimique
- 15 cl de sirop d'érable

Préparation pour la cuisson vapeur : il vous faut la plus grande cocotte à fond épais que vous ayez avec un couvercle, un panier de cuisson vapeur (ou une boîte d'œufs) pour disposer au fond de la cocotte, un grand bol avec un rebord pour bien sceller avec une ficelle (un moule à charlotte fonctionne aussi). Il faut que le tout tienne dans la cocotte avec le couvercle. Dans un saladier, battez le beurre avec le sucre jusqu'à obtenir un mélange mousseux. Incorporez les œufs un à un tout en continuant de mélanger. Ajoutez le zeste d'orange, le whisky et le lait. Mélangez. Versez la farine, la levure et mélangez. Beurrez le moule, versez la moitié du sirop d'érable, réservez le reste pour la suite. Versez la pâte dans le moule, sans remplir jusqu'en haut. Recouvrez de papier sulfurisé (il faut le laisser un peu lâche pour que le gâteau puisse gonfler). Faites de même avec du papier d'aluminium et refermez avec une ficelle de cuisine en serrant bien. Dans la cocotte, placez le moule dans le panier de cuisson vapeur, versez un fond d'eau, portez à ébullition et couvrez. Laissez cuire à feu doux pendant 1 h 30. Ajoutez un peu d'eau à mi-cuisson pour être sûr qu'il en reste jusqu'à la fin. Sortez le gâteau et laissez-le reposer 3 minutes avant de le démouler sur le plat de service. Versez le reste de sirop d'érable sur le gâteau et dégustez chaud avec de la crème Chantilly ou un peu de crème anglaise (voir recette p. 17).

Note

Ce gâteau est meilleur dégusté le jour même, mais il se conserve tout de même 3 jours à température ambiante dans une boîte hermétiquement fermée.

Version végane

Remplacez les œufs par 1 banane bien mûre, le beurre par de la margarine et le lait par votre lait végétal préféré.

Plus riche que le pain d'épices de Kirriemuir ou les variantes anglaises, le pain d'épices de Fochabers se distingue par deux ingrédients surprise : la bière et la mélasse. La recette a d'abord été consignée par Marian McNeill au début du XXe siècle, sans préciser le type de bière à utiliser. Nous vous conseillons d'opter pour une stout ou une porter, des bières noires et riches.

Préparation : 20 minutes
Cuisson : 45 minutes
Repos : 10 minutes

Fochabers gingerbread

Pain d'épices au gingembre

Ingrédients pour 8 personnes
- 110 g de beurre très mou + pour le moule
- 110 g de sucre en poudre
- 110 g de mélasse noire
- 2 œufs battus
- 225 g de farine
- 1 cuil. à café de bicarbonate de soude
- 50 g de raisins secs
- 40 g de flocons d'avoine
- 40 g d'écorces d'agrumes confites
- 1 cuil. à café de quatre-épices
- 2 cuil. à café de gingembre moulu
- 1 cuil. à café de cannelle moulue
- ½ cuil. à café de clous de girofle moulus
- 15 cl de bière

Le sirop (facultatif)
- Confiture d'oranges ou d'abricots

Préchauffez le four à 160 °C (th. 5/6). Graissez un moule rond assez profond. Dans un saladier, mélangez le beurre et le sucre pour obtenir une pâte compacte et homogène. Ajoutez la mélasse et les œufs battus. Mélangez bien pour homogénéiser le tout. Intégrez la farine, le bicarbonate de soude, les raisins secs, les flocons d'avoine, les écorces d'agrumes et toutes les épices. Versez la bière et mélangez bien. Versez la pâte dans le moule beurré et enfournez pour 45 minutes. Avant la fin de la cuisson, vous pouvez préparer un sirop en diluant de la confiture d'oranges (ou d'abricots) avec un petit peu d'eau. Faites chauffer le mélange jusqu'à ébullition. Avec un pinceau, étalez le sirop sur le gâteau dès la sortie du four. Démoulez et laissez reposer sur une grille 10 minutes avant de le déguster.

Notes

Ce gâteau est semblable au clootie dumpling, mais il a une touche d'amertume due à la bière et sa texture est plus fine. Il se conserve 5 jours à température ambiante dans une boîte hermétiquement fermée. Pour une note légèrement amère, utilisez de la bière blonde. Pour une note caramélisée, plutôt une bière brune.

Version végane

Remplacez le beurre par de la margarine et les œufs par 1 banane bien mûre écrasée.

GLASGOW
pari tenu

Glasgow, « l'autre ville de l'Écosse », est souvent boudée, au bénéfice de sa petite voisine Édimbourg. Pourtant, cette ville dense et active ne cesse de se réinventer sans perdre ce qui fait d'elle une ville « vraie ». Aujourd'hui, on oppose souvent son humanité et son franc-parler à l'esthétique trop proprette d'Édimbourg.

Splendeurs et misères de la « deuxième ville de l'Empire »

Parce qu'il fallait légèrement moins de temps pour naviguer de la côte est des États-Unis à Glasgow que n'importe où ailleurs dans le Royaume-Uni, Glasgow a connu un essor monumental, la plaçant haut dans le classement des villes britanniques d'influence. Port de choix pour le commerce triangulaire, Glasgow s'est construite grâce à l'argent de l'esclavage, et réussit enfin, depuis quelques années, à regarder ce pan de son histoire en face. Vite montée, vite descendue : après une industrialisation galopante, Glasgow paye également le prix fort lors de l'arrêt de la construction navale le long de la Clyde, le fleuve qui traverse la ville. Et si, aujourd'hui, certains marqueurs sociaux sont toujours au rouge, la ville a opéré une transformation renversante.

Glasgow, terreau de création

Marcher dans Glasgow, c'est être traversé d'émotions. Zigzaguer à travers le plan quadrillé de son centre-ville, prendre des détours pour ne pas manquer une splendide fresque de street art, emporter de quoi lire dans l'un de ses nombreux parcs : Glasgow Green, pour toujours propriété du peuple glaswégien, ou Kelvingrove Park et ses écureuils seuls maîtres à bord. Notre préférence va au jardin botanique et à ses serres romantiques, mais ça, on le garde pour nous.

Ville Unesco de la musique, Glasgow est avant tout une véritable scène : entre le festival Celtic Connections qui réchauffe l'atmosphère en janvier et TRNSMT qui allume les parcs l'été, des centaines de petites salles indépendantes et de bars maintiennent en activité une passion musicale profonde à Glasgow, au carrefour de tant d'influences.

Déguster l'Écosse à la glaswégienne

Ville de la nuit par excellence, Glasgow n'a cessé, ces deux dernières décennies, de multiplier les belles tables. Par où commencer ? Sans doute par la jolie rue Ashton Lane, où l'on trouve l'éternel *Ubiquitous Chip*, qui fait la loi depuis plus de 40 ans. Du côté de Finnieston, on cesse toute résistance face à *The Gannet* et son menu très imaginatif.

Par petites touches...

Glasgow n'est pas en reste du côté des menus de dégustation, puisque c'est là que *Six by Nico* a commencé son aventure. Le concept est simple : six plats, qui changent toutes les six semaines, créant une enfilade de thèmes plus ou moins intrigants. Petit clin d'œil : le même Nico a cédé son premier restaurant à Modou Diagne, entré à son service en 2014 en tant que commis de cuisine. Ce talent de la cuisine propose à présent un menu de dégustation sous son propre nom, *111 by Modou*.

Voyager à table

Du côté des saveurs du monde, Glasgow donne littéralement le tournis. Après avoir humé les curries de *Mother India*, institution du West End, il faut pousser la porte de *Alchemilla* pour piocher parmi la sélection de petits plats méditerranéens cuits sous le nez des convives. Et n'oublions pas le *Hanoi Bike Shop*, un restaurant vietnamien qui ne se prend pas le chou avec ses bancs en bois et ses tabourets en plastique, ou *Paesano*, élu meilleur endroit pour manger une pizza à Glasgow.

Les femmes à la barre

On garde le meilleur pour la fin avec deux femmes dont la créativité et le travail ont été mis en valeur en 2020. À ma droite, *Bo & Birdy*, le restaurant de l'hôtel de luxe Kimpton, dirigé par Gillian Matthews. Une grande brasserie à la sauce écossaise, dont les cocktails sont très applaudis. À ma gauche, Lorna McNee, à la tête de la cuisine du restaurant *Cail Bruich*, récemment décoré de la première étoile Michelin tombée à Glasgow depuis 18 ans.

PEOPLE
MAKE
GLASGOW

Glasgow en six lieux

Kelvingrove Gallery

Ce grand « musée de choses », gratuit, populaire, mélange art, anthropologie, sciences et histoire. Au son de l'orgue, qui prend vie chaque jour, on peut voguer d'une galerie à l'autre sans voir le temps passer. Ouvert en 1901 à l'occasion d'une Exposition universelle, il est cher au cœur de chaque Glaswégien, chaque Glaswégienne.

L'université de Glasgow

À quelques pas du musée de Kelvingrove, le siège de l'université fera battre le cœur des fans d'*Outlander* et de *Harry Potter* un peu plus vite. Avec ses belles arches et ses tourelles, ce bâtiment du XIXe siècle invite immédiatement au rêve et à l'évasion. Aujourd'hui, l'université de Glasgow accueille environ 25 000 étudiants et est classée parmi les 50 meilleures universités du monde. À l'intérieur, on peut visiter le Hunterian Museum, gratuit, dédié aux collections médicales surprenantes du docteur William Hunter.

Le GOMA, la galerie d'art moderne

Ce musée gratuit et éclectique présente tout ce qui fait de mieux en art contemporain. Devant sa façade, une statue du Duc de Wellington sur son cheval, décoré d'un cône routier, est devenu un véritable symbole de l'humour glaswégien.

House for an Art Lover

Cette belle masure blanche, sise derrière les arbres du parc Bellahouston, est une prouesse architecturale : dessinée en 1901 par les époux Charles Macintosh et Margaret MacDonald, elle n'a été construite que dans les années 1990. Bien que les plans des artistes fussent destinés à bâtir une résidence, c'est bien un espace ouvert au public qui a été construit, avec un café et un espace d'exposition.

La cathédrale de Glasgow et la Nécropolis

Avec celle de Kirkwall, dans les Orcades, la cathédrale de Glasgow est la seule datant du Moyen Âge, ayant survécu à la Réforme protestante au XVIe siècle. À la lumière de ses magnifiques vitraux, on peut explorer l'immense nef, ainsi que la partie inférieure de la cathédrale, où se trouve le lieu de sépulture présumé de saint Mungo, l'évêque fondateur de la ville. À l'extérieur, profitez d'une promenade jusqu'au sommet de la Nécropolis, l'un des grands cimetières du XIXe, duquel on a une vue ébouriffante sur la cathédrale et la ville.

Musées du bord de Clyde

Outre un héritage industriel impressionnant, les bords de la Clyde comptent de nombreux musées à visiter : Riverside Museum, le musée des transports, mais aussi le Glasgow Science Centre et ses expériences ludiques. À ne pas manquer : Glenlee, un immense navire marchand à trois mâts, vieux de 125 ans, qui se laisse docilement visiter là où il a été construit.

STARS DE LA SCÈNE GLASWÉGIENNE

BELLE ET SEBASTIAN
TEXAS
CHVRCHES
FRANZ FERDINAND
SIMPLE MINDS
WET WET WET
ANGUS YOUNG, LE GUITARISTE DE AC/DC
AMY MACDONALD*

*Vous n'avez pas oublié *This Is The Life*, en 2007, si ?

CRUISE LOCH LOMOND
CRUISE LOCH LOMOND
CRUISE LOCH LOMOND
LOMOND PRINCE

À BOIRE

Errances dans
LES PUBS ÉCOSSAIS

Que ce soit pour un apéro ou une soirée gargantuesque, les pubs écossais sont un passage obligé pour tout voyageur qui veut découvrir la culture culinaire locale. En ville ou à la campagne, ils sont des lieux de socialisation où toutes les générations se mélangent.

Il y a celui qui affiche fièrement une flopée de photos en noir et blanc sur son mur. Il y a celui qui ne paye pas de mine. Celui dont la télé est toujours allumée. Celui où personne ne semble s'étonner que le sol soit recouvert de moquette. Celui où la cuisine ferme à 20 heures – mais ne vous inquiétez pas, on peut réchauffer un bol de soupe. Il y a celui où, le mardi, il faut appeler avant de s'y pointer : car le mardi, c'est quiz. Il y a celui qui a un écriteau devant la porte, qui dit quelque chose comme « Ici, nous servons de la bière aussi froide que le cœur de votre ex. » Il y a celui où la musique est si forte que l'on doit faire des signes au barman pour commander une pinte, et celui où, dans un coin, une poignée de musiciens se retrouvent pour échanger quelques notes, sans prêter attention au public qui s'improvise autour d'eux.

Pousser la porte du Nauticus

Il y a autant de types de pubs en Écosse que de mots pour décrire la pluie. Et quand on pousse la porte du *Nauticus*, on en perd quelques-uns. Exactement le genre d'endroit où l'on a envie de s'asseoir, dos au mur, pour pouvoir observer à loisir toute la finesse de la décoration et voir la vie se faire. Derrière le bar couvert d'émail en forme d'écailles de poisson, Kyle, le copropriétaire, tranche tranquillement quelques citrons verts qui iront flotter dans les gin tonic qui seront commandés tout au long de la soirée. Quand, en 2018, il ouvre le *Nauticus* – latin de « nautique », puisque nous sommes à Leith, le quartier du port d'Édimbourg –, il veut pouvoir accueillir à la fois ceux qui dégaineront leur appareil pour photographier leur cocktail et les habitués qui s'arrêteront avant un match, ou après les courses.

> "Beer does not taste like itself unless it is chasing a dram of neat whisky down the gullet – preferably two drams."
>
> « La bière n'a pas le goût de bière à moins de suivre de près un verre de bon whisky dans le gosier – voire deux verres. »
>
> Sir Compton MacKenzie (1883-1972)

Faire du neuf avec du vieux

Ce qui comptait, pour Kyle, qui a grandi un peu plus loin, sur Ferry Road, c'est d'aligner ses bouteilles écossaises préférées, sur des étagères joliment étiquetées. Pareil pour les bières, côte à côte sur sa tireuse Art déco. « 90 % de nos produits viennent d'Écosse, c'était vraiment l'idée en ouvrant le bar », glisse-t-il. Avant le *Nauticus*, cet espace est resté vacant pendant longtemps, comme beaucoup d'autres lieux à Leith. Et encore avant, c'était un autre pub. Kyle nous montre une photo en noir et blanc. Il reste bien les moulures. En décapant la peinture, Kyle a révélé de magnifiques pans de bois, qui donnent aujourd'hui toute son âme au *Nauticus*. La sociologie de son pub, Kyle la fait en fonction de ce que chacun commande. Les tournées de bière blonde, quelles qu'elles soient, d'un côté, les cocktails étudiés et raffinés de l'autre. Il y a de la place pour toutes ces envies, autour du bar de Kyle. Et il a même pensé aux gamelles et aux biscuits pour les visiteurs canins.

ÉTIQUETTE DU PUB ÉCOSSAIS

• Bon à savoir : si vous ne précisez rien en commandant une bière pression, ce sera automatiquement une pinte, un verre d'un demi-litre. Certains pubs proposent des schooners, des verres de 33 cl (deux tiers d'une pinte, donc). Certains pubs spécialisés dans la dégustation de bière, comme *The Hanging Bat* à Édimbourg, proposent aussi des verres représentant le tiers d'une pinte.

• En commandant un gin tonic, notez que le tonic est en général facturé à part, quand il est servi en petites bouteilles individuelles.

• Pour sonner très local, demandez le « half and half » : un whisky, servi avec une demi-pinte de bière. On vous aura prévenu !

• Si vous hésitez parmi les bières pression, demandez à goûter ! C'est très commun et ça vous permet d'entamer la discussion...

• En commandant du vin, sachez qu'il existe trois volumes : 125 ml, 175 ml ou 250 ml. Si ce n'est pas précisé, n'hésitez pas à demander.

• Si vous ne buvez pas d'alcool, vous pouvez tout de même profiter de l'expérience : une bière sans alcool est en général proposée au menu, sinon, demandez une « ginger beer » sans alcool, une limonade parfumée au gingembre.

• Comme au restaurant, il est bien vu de laisser un pourboire (plus ou moins 10 %) mais ce n'est pas obligatoire.

Une gorgée de
BIÈRE ÉCOSSAISE

Grande terre brassicole, l'Écosse produit de plus en plus de bière. Certaines marques se trouvent même dans les bars et chez les cavistes européens. Avec l'envolée des bières artisanales comme partout en Europe, comment s'y retrouver ?

Entre l'orge et le houblon...

Tout amoureux ou amoureuse de la bière écossaise vous dira qu'on fait de la bière en Écosse depuis des millénaires : cinq au moins, peut-être sept ! Dans le village préhistorique de Skara Brae, des recherches archéologiques auraient prouvé que l'on consommait, 3 000 ans avant notre ère, une boisson de grain fermenté, parfumée aux herbes, mais sans houblon. Les Romains aussi, trois millénaires plus tard, notaient que les Pictes consommaient un liquide s'apparentant à de la bière. Au Moyen Âge, la production de bière est dynamisée par les monastères, surtout dans la ceinture centrale. C'est sur ce terreau qu'une production artisanale et traditionnelle de la bière en Écosse va prendre ses racines.

L'avènement des brasseries artisanales

174. C'est le nombre de brasseries actives listées par *Brewed in Scotland* à l'heure où nous écrivons ces lignes. Ce site se propose de lister toutes les brasseries d'Écosse, sur une grande carte interactive. Lors du lancement du site en 2015, le pays comptait moins de 100 brasseries. Cette renversante évolution s'est faite au profit des brasseries artisanales, qui sont légion aujourd'hui, alors qu'elles n'étaient que 11 en 1970.
Mais qu'est-ce qui rend une brasserie artisanale ? Son petit volume de production, d'abord, en général moins de 50 000 litres annuels. Le fait, aussi, que la brasserie est indépendante, et en général gérée par une famille ou une petite équipe d'associés. En 2020, la toute nouvelle brasserie de l'île d'Eigg a fait sensation en se nommant « la première brasserie coopérative », gérée par la communauté de cette petite île de l'ouest de l'Écosse.

Se concentrer sur la qualité

Joe Dick, spécialiste de la bière et coauteur du livre *A Pocket Guide to Beer,* a vu cette évolution de ses propres yeux. « Quand j'étais plus jeune et que je commençais à m'intéresser à la bière, dans les pubs, il y avait toujours la même chose. Mais aujourd'hui, quand on va au pub *The Hanging Bat* à Édimbourg, par exemple, on peut goûter plus de 15 bières différentes chaque semaine. » S'il voit la multiplication des brasseries d'un bon œil, il martèle une chose simple : « Pour moi, ce qui compte, c'est la qualité. On voit beaucoup de brasseries influencées par les bières américaines, ce qui n'est pas toujours positif. » Selon lui, l'Écosse a tout ce qu'il faut pour produire une belle bière : « de l'eau douce incroyable, une magnifique orge, qui pousse très bien dans la région de l'East Lothian et, surtout, des années d'expérience ».

LES CONSEILS DE JOE
pour s'immerger dans le monde de la bière écossaise

Faites vos recherches et sélectionnez les pubs qui proposent les bières qui vous intéressent.

N'hésitez pas à demander conseil à la personne derrière le bar. Durant ma carrière de barman, j'ai écrit des listes de bières pour des touristes un bon nombre de fois !

Engagez la conversation avec les gens autour de vous, pour recueillir leurs avis.

3 BOUTEILLES FAVORITES DE JOE

ETHEREAL SUBSTANCES
de la brasserie Epochal

ORKNEY PORTER
de la brasserie Swannay

OAT LAGE
de la brasserie Newbarns

Dans les reflets du WHISKY

Le plus célèbre des spiritueux écossais est aussi celui qui soulève le plus d'interrogations. D'où vient-il, et pourquoi tant de décorum autour de sa production et de sa consommation ?

Des règles strictes, une recette simple

Le whisky est un spiritueux complexe et régi par toute une panoplie de règles. Pour être appelé « scotch whisky », l'alcool doit avoir été distillé à partir de céréales, avoir maturé au moins trois ans dans des fûts de chêne neufs ou ayant déjà été utilisés pour un autre alcool (comme le bourbon ou le xérès, par exemple) et été mis en bouteille avec une teneur en alcool de 40 degrés ou plus. Et bien sûr, toutes les étapes de la fabrication, depuis le brassage à la distillation en passant par la fermentation, ont lieu en Écosse.

Pour faire du whisky, il suffit d'avoir sous la main du grain – de l'orge maltée pour les single malts –, de la levure et de l'eau.
On commence par brasser l'orge broyée avec de l'eau chaude pour récupérer un jus sucré, qui sera ensuite fermenté à l'aide de levure. À la fin de cette première phase, on obtient une sorte de bière. C'est là qu'entre en scène l'alambic, dans lequel le liquide obtenu va être distillé, en général deux fois. La taille et la forme de chaque alambic ont une influence sur le goût du whisky, dont chaque distillerie détient le secret. Maintenant, il n'y a plus qu'à remplir les tonneaux et les laisser dormir pendant quelques années. Les maîtres assembleurs des distilleries se chargent ensuite de mélanger les différents tonneaux pour obtenir les profils aromatiques souhaités.

Une demande qui gonfle, qui gonfle...

Aujourd'hui, environ 130 distilleries sont actives en Écosse, et ce chiffre devrait encore évoluer. L'objectif : répondre à la demande, qui ne fait que grimper. Un phénomène qui intéresse beaucoup Christine Lambert, spécialiste du whisky. « Avant, la demande suivait des cycles, avec des périodes de croissance et de baisse. Mais depuis plus de vingt ans, la consommation ne cesse d'augmenter de façon folle. Personne ne sait quand cette bulle explosera, ni même si cela arrivera... Car le marché du whisky écossais est devenu mondial : quand un pays boude le scotch, un autre le découvre », explique Christine.

L'histoire du whisky en Écosse

Saviez-vous que vous connaissez déjà un mot de gaélique écossais ? « Whisky » vient de *uisge beatha*, qui signifie tout simplement « eau-de-vie ». Et de l'eau-de-vie, on en fait depuis longtemps. La première mention de malt distillé en Écosse remonte au XVe siècle, mais il faut attendre le XIXe pour voir une véritable industrie émerger, avec l'invention des colonnes de distillation en continu. Aujourd'hui, le whisky n'est plus simplement une affaire écossaise, puisqu'il s'en produit aux quatre coins du monde. « Même si tout s'organise autour de l'Écosse, la production écossaise est dynamisée par ce qui se passe sur la planète, note Christine Lambert, le scotch est plus vivant que jamais ! »

Discussion avec... Christine Lambert, journaliste spécialiste du whisky

Christine Lambert est une autrice et journaliste spécialiste du whisky (et de bien d'autres spiritueux, mais ça, c'est pour un autre livre). Elle est l'autrice des *365 lois de l'amateur de whisky*, chez Dunod.

Qui sont, aujourd'hui, les consommateurs et consommatrices de whisky ?

De manière générale, c'est un consommateur de plus de 50 ans. Le problème des distilleries, c'est que l'on assiste à un vieillissement des consommateurs de whisky, et que les jeunes générations boivent moins. Cependant, il y a une tranche visible des amateurs de whisky, qui sont jeunes, qui vont dans les festivals, qui comptent davantage de femmes, qui s'intéressent aux microdistilleries, qui veulent en savoir plus sur la traçabilité, la façon dont se fabrique le whisky. Avant, les cavistes avaient, tout au plus, six ou huit single malts en rayon. Aujourd'hui, ils ont une gamme énorme : les distilleries proposent beaucoup plus de bouteilles, et des séries limitées avec ça. La durée de vie d'un type de bouteille est devenue très courte et le consommateur de plus en plus curieux.

Pourquoi le whisky passe-t-il parfois pour un « alcool élitiste » ?

Je me demande souvent pourquoi les gens se laissent impressionner par le whisky : ce n'est qu'un spiritueux, après tout. Je n'ai jamais vu des gens intimidés par le rhum, personne n'a peur de faire un mojito ! Mais c'est vrai, le whisky a un petit côté « spiritueux d'expert » finalement très réducteur, avec ses injonctions à le déguster sec, sans glace, dans le verre *ad hoc*, etc. Heureusement, c'est en train de changer sous l'impulsion des nouvelles générations, plus décomplexées.
Quand on me dit « Je n'aime pas le whisky », je ne peux pas le croire. Il y a un tel spectre aromatique dans le whisky, une variété de styles que l'on ne trouve dans aucun autre spiritueux. Si vous n'aimez pas le whisky, c'est que vous n'avez pas encore trouvé celui qui vous convient.

Les conseils de Christine POUR S'INITIER AU WHISKY ÉCOSSAIS

- Commencez par éduquer votre nez. La dégustation n'est pas un talent inné, il faut s'entraîner. À chaque dégustation, notez les trois premiers arômes qui vous viennent en tête. Après quelques mois, vous verrez que vous aurez de plus en plus de choses à dire. D'ailleurs, les notes de dégustation, c'est très personnel. Il faut simplement apprendre à se faire confiance, à soi et à son goût.

- Soyez fidèles aux cavistes qui ouvrent les bouteilles pour faire déguster avant de vendre. Accordez-leur votre confiance, et retournez les voir !

- Fréquentez les festivals. Il y en a de plus en plus, dans toutes les régions de France. Assistez aux dégustations organisées chez les cavistes, les marques se déplacent souvent pour faire goûter leurs nouveautés.

- Visitez des distilleries, en Écosse, en France ou ailleurs. On peut lire tous les bouquins qu'on veut, mais on ne comprend vraiment le whisky que lorsqu'on le découvre dans son environnement naturel. Il y a une magie délirante dans les distilleries !

LE GIN ÉCOSSAIS
une histoire de plantes

Avec sa centaine de distilleries de gin, dont beaucoup sont très récentes, l'Écosse s'impose comme l'épicentre de la redécouverte d'une boisson pourtant ancienne.

Le gin, c'est quoi ?

Tout commence avec des baies de genièvre. Réputées pour leurs propriétés médicinales dans toute l'Europe, que l'on retrouve, sans surprise, dans un alcool commun du nord de la France, de la Belgique et des Pays-Bas, appelé genièvre, ou *jenever*. Au XVIIIe siècle, la Grande-Bretagne s'amourache de cet alcool facile à faire et facile à consommer, surtout dans les grandes villes portuaires. Si la boisson devient très populaire à Londres, par exemple, elle l'est dans une moindre mesure à Édimbourg. Mais c'est en Écosse, où le savoir-faire de la distillation est très implanté, que l'industrie du gin se développe, pour un temps. La recette du gin est très simple, et encore aujourd'hui, les règles de fabrication ne sont pas très restrictives : il s'agit simplement d'un alcool d'origine agricole (en général, des céréales, mais pas systématiquement) distillé avec des baies de genièvre surtout – et d'autres végétaux aussi, pour l'arôme. Le gin doit titrer à minimum 37,5 degrés d'alcool. Très peu de distilleries produisent elles-mêmes leur alcool de base et prennent en charge la production à partir d'un alcool neutre acheté à une autre distillerie. Certaines distilleries proposent un gin « du grain au verre », comme Hills & Harbour dans le sud-ouest du pays. Cet alcool, plutôt sec, se déguste rarement seul, mais avec de la limonade ou du tonic et des glaçons.

Pourquoi cet élan de popularité ?

Ces deux dernières décennies, on a assisté à une véritable explosion du nombre de distilleries en Écosse. Dans le sillage des brasseries artisanales, la question du gin produit en petites quantités s'est répandue comme de la poudre. Un assouplissement de la loi a permis l'usage de petits alambics, ce qui a facilité les choses pour nombre de petits producteurs. Comme pour tous les autres alcools, on remarque aussi que les consommateurs souhaitent boire moins, mais mieux. Et le gin a un avantage de taille sur le whisky : sa production est très rapide et il n'a pas besoin de maturer. Ce qui explique pourquoi certaines des nouvelles distilleries de whisky produisent également du gin, afin de pouvoir enregistrer des ventes rapidement.

Une histoire de bouteille

Avec la flambée du nombre de distilleries de gin et de nouveaux gins sur le marché, un nouveau critère s'est imposé pour distinguer les différents crus : c'est bien sûr la bouteille. Presque tout aussi important que le contenu, le contenant a la lourde mission de donner envie. Élégante, drôle, évocatrice, la bouteille n'a pas droit à l'erreur. On peut citer Achroous Gin et sa bouteille orange fluo, Harris Gin et sa bouteille qui rappelle les traces de l'eau sur le sable, ou encore The Botanist et sa forme cylindrique, épurée, décorée des lettres de l'alphabet.

LES DIFFÉRENTS TYPES DE GIN

LE LONDON DRY GIN

Ce type de gin est certainement le plus neutre et le plus commun. Malgré ce nom, ce style de gin peut être produit n'importe où. Quand on fait du London Dry gin, les végétaux sont distillés avec l'alcool et seules de l'eau et une infime portion de sucre peuvent être ajoutées après la distillation, mais aucun arôme ou colorant. Il y a beaucoup de London Dry gins en Écosse, tels que Misty Isle Gin (île de Skye), Lind & Lime (Édimbourg) ou encore Hills & Harbour (Dumfries et Galloway).

LE NAVY STRENGTH

Ce gin se distingue par son degré d'alcool, plus élevé que la moyenne. Pour vous y essayer, pourquoi ne pas goûter le Cannonball de Edinburgh Gin ?

LE COMPOUND GIN

Pour faire du compound gin, on se procure l'alcool de base avant d'y faire infuser des végétaux, comme les baies de genièvre, ou d'autres. L'alcool est ensuite filtré et embouteillé. Cela ne veut pas dire que le gin sera moins bon, simplement qu'il est fait différemment. La marque Bothy Gin, par exemple, en profite pour faire varier les saveurs et les mélanges.

LES GINS MODERNES

On se sert de cette appellation pour décrire les gins où l'arôme des baies de genièvre n'est pas dominant, pour laisser place à d'autres herbes et épices. Comme vous l'imaginez, ça laisse de la place à la créativité !

Pour compliquer la donne, notons qu'il existe également des gins vieillis en fûts (en général… de whisky écossais) pour leur donner une note fumée et boisée. Le gin est vieilli moins d'un an. Si cela vous intrigue, goûtez donc le Pickering's Oak Aged !

ANNEXES

Pour aller PLUS LOIN

Que rapporter d'un voyage en Écosse ?

Des souvenirs, bien sûr. Et la sensation d'avoir vécu un moment pas comme les autres. Mais si vous tenez à rapporter un petit cadeau à offrir à vos proches ou à vous-même, voici quelques suggestions de produits authentiques et de qualité.

POUR LES GOURMANDS

Du fudge... ou du tablet !

Ces deux douceurs caramélisées se trouvent un peu partout, en boulangerie, en supermarché ou dans les boutiques de souvenirs. Il est facile de vérifier leur provenance en jetant un coup d'œil à l'étiquette !

Des shortbreads

La marque de shortbreads la plus connue est probablement Walkers, mais vous la trouvez partout en France. Les biscuits sont fabriqués dans une usine située dans les Cairngorms. On vous conseille aussi les shortbreads de Dean's of Huntly et de Shortbread House, à Édimbourg, dont les biscuits sont faits à la main et présentés dans de jolies boîtes. La marque Lazy Day Foods propose des biscuits sans gluten et végans.

Des Tunnock's teacakes

Avec leur emballage qui brille, les teacakes donnent envie ! Il s'agit de mousse de blancs d'œufs recouverte de chocolat. On vous recommande également les Caramel Wafers, créés par Tunnock's. Il s'agit de l'une des plus vieilles entreprises familiales du pays, et vous trouverez leurs produits dans tous les supermarchés.

Du chocolat

Bien sûr, le cacao ne pousse pas en Écosse... Mais de nombreuses entreprises produisent du chocolat de qualité, alors pourquoi s'en priver ? En vrac : Coco Mountain dans le nord du pays, Oban Chocolate Company, The Chocolate Tree, Coco à Édimbourg... Notons aussi le travail de Iain Burnett, dont les truffes ont gagné des prix internationaux.

De l'alcool

Malgré le Brexit, il est toujours possible de rapporter des bouteilles d'alcool en Europe. Au-delà d'une certaine limite, la douane de votre pays peut vous faire payer des taxes. Voici la limite pour la France : un litre d'alcool à plus de 22 degrés, deux litres d'alcool à moins de 22 degrés, 4 litres de vin et 16 litres de bière.
Pour le whisky, pensez à contrôler les prix chez vous, car les taxes sont élevées en Écosse. Il ne sera judicieux de rapporter du whisky que si vous choisissez une bouteille rare, non distribuée dans votre pays d'origine.

Des produits de la ferme, comme de la confiture, du miel, des pickles (lire p. 92)

Cela vous fera plaisir de les déguster à votre retour ! Attention, si vous voyagez en avion, les produits liquides de plus de 100 ml devront être placés dans votre bagage en soute.

CADEAUX ARTISANAUX

Des bijoux

Voilà une bonne idée pour garder une trace d'un pays où l'on a aimé voyager ! La marque la plus connue est sans doute Sheila Fleet, qui propose des bijoux faits dans les Orcades. On aime aussi les bijoux végétaux de Heathergems, fabriqués dans la région de l'Angus. Mais notre préférence va aux pendentifs de tweed ou de tartan faits à Édimbourg, à l'Atelier Escapades.

Écharpes, châles et couvertures

Alors là, les marques intéressantes sont légion ! Lochcarron of Scotland, Johnston of Elgin et House of Edgar offrent beaucoup de choix. Lovat Mill propose des produits en tweed 100 % laine écossaise. La laine tissée en Écosse n'est pas toujours locale, elle vient souvent de Nouvelle-Zélande ou d'Australie.

Des savons artisanaux et des bougies

Les savons ont la cote en ce moment, et l'Écosse n'est pas en reste. En vrac, nous pensons à Highland Soap Company, souvent présents dans les magasins de souvenirs et de décoration, Hebridean Soap Company, qui produisent dans les Hébrides extérieures, ou Mella Soap, dans les Shetland. Du côté des bougies, la marque la plus connue est probablement Isle of Skye Candle Company.

POUR UNE TOUCHE ARTISTIQUE…

Un tirage d'une illustration ou d'une photographie faite par un ou une artiste du coin

À Édimbourg, la boutique Red Door Gallery propose des tirages de toutes tailles d'illustrations réalisées par des artistes écossais. Un bon moyen de soutenir le microcosme local tout en décorant son intérieur… On aime aussi The Royal Mile Gallery, qui propose des reproductions d'anciennes gravures et de vieilles cartes.

Un livre en anglais

Selon votre niveau en anglais, choisir un livre peut être une très bonne idée : les librairies regorgent de livres aux couvertures magnifiques, et il y a toujours une section « Écosse ». Laissez-vous tenter !

Un CD ou un vinyle d'un artiste écossais

À Glasgow ou Édimbourg, il existe encore quelques disquaires, qui vous permettront d'écossiser votre collection de disques. Jetez un œil à la page suivante pour trouver des idées !

L'Écosse sur le terrain

Du côté des sports, l'Écosse a du talent à revendre, ainsi que du spectacle. Ce panorama non exhaustif devrait vous donner envie d'aller voir un match lors de votre prochain voyage en Écosse.

Le football

Très populaire dans toutes les régions d'Écosse, le football écossais a soulevé un peu plus d'intérêt à l'international avec la présence de l'équipe nationale féminine à la Coupe du monde de 2019, et de celle des hommes en 2021. Quarante-deux équipes professionnelles se partagent en quatre niveaux, dont le plus élevé est le Scottish Premiership.

Le rugby

L'équipe nationale de rugby à quinze est bien connue puisqu'elle prend part, tous les ans, au tournoi des Six Nations. En Écosse, le rugby est une passion qui remonte à loin : le premier match international a été joué à Édimbourg, entre l'Angleterre et l'Écosse, en 1871 (et, l'Écosse a gagné).

Le golf

Les origines du golf en Écosse sont très anciennes, les premières mentions datant du XVe siècle. En 1502, le roi Jacques IV lui-même s'achète des clubs de golf. Aujourd'hui, on trouve des parcours un peu partout en Écosse, et quelques tournois internationaux se jouent régulièrement dans le pays. Si vous êtes fan de ce sport, sachez que c'est à Saint Andrews que vous pouvez admirer le Old Course, le plus vieux terrain de golf encore en usage !

Le shinty

Si vous traversez les Highlands, ouvrez l'œil, vous verrez peut-être un match de shinty, ce sport collectif, ancêtre du hockey sur gazon, où deux équipes de douze joueurs, munis de crosses appelées *camàn* en gaélique, essaient de marquer des buts. Très pratiqué dans les Highlands, le shinty est aussi joué autour des grandes villes du sud.

Les Highland games

Considérés comme les Jeux olympiques écossais, les Highland games se déroulent un peu partout dans les Highlands, à la belle saison. Populaires depuis le XIXe siècle et appréciés des visiteurs, ils réunissent des épreuves de danse traditionnelle, mais aussi de lancer de tronc, de lancer de marteau et de tir à la corde.

Inviter l'Écosse chez soi

Outre la gastronomie, plusieurs pans de la culture écossaise peuvent être savourés à la maison, grâce aux livres, aux films et à la musique. Voici notre sélection très personnelle !

DANS LES OREILLES...

Elephant Sessions

Un groupe de cinq jeunes musiciens, venus des Highlands et du nord de l'Angleterre. Dans la lignée de la tradition musicale écossaise, ils composent des airs entêtants et font danser les foules sans jamais chanter. À voir en concert absolument !

Karine Polwart

Sans doute l'une des plus belles voix écossaises du moment. Cette musicienne de renom a notamment collaboré sur le très bel album collectif *Spell Songs*, qui complète le livre *The Lost Words: a Spell Book* de Robert Macfarlane et Jackie Morris.

Young Fathers

Les trois musiciens de Young Fathers se sont rencontrés à 14 ans, et depuis, ils écrivent ensemble. Révélés en 2008, ils brillent sur scène et ont reçu le Mercury Prize en 2014, un prix récompensant le meilleur album britannique. Les trois artistes portent le nom de leur père, d'où le nom du groupe.

Franz Ferdinand

Qui l'eût cru ? Eh oui, Franz Ferdinand, grand succès des années 2000, est un groupe de Glasgow. Les rockers reviennent de temps en temps jouer sur leurs terres natales, et c'est toujours un succès.

NOS LIVRES FAVORIS

La Trilogie écossaise de Peter May
Ces trois polars, qui se déroulent majoritairement dans l'archipel des Hébrides extérieures, se nourrissent de lieux si précis et si vivants que l'on n'a qu'une envie en refermant le livre : aller les voir en vrai.

Les Indes noires de Jules Verne
Jules Verne adorait l'Écosse, où sa mère avait des ancêtres. Il y place l'intrigue de quelques-uns de ses romans, dont *Les Indes noires*. Cette courte aventure nous emmène dans les profondeurs de l'industrie minière, au centre de l'Écosse.

L'Étrange Disparition d'Esme Lennox
de Maggie O'Farrell
Ce roman court et beau parle des secrets de famille et peint intelligemment le portrait de deux femmes. Dans une Édimbourg moderne et poétique, Iris est confrontée à sa grand-tante, dont elle fait tout juste la connaissance. L'asile où elle est retenue va fermer, et Iris doit s'occuper d'elle. Elle détricote l'histoire de cette femme que la mémoire familiale avait occultée.

Les Chroniques d'Édimbourg
d'Alexander McCall Smith
Un livre que l'on peut lire par petits bouts puisqu'il est composé de chroniques parues dans le journal *The Scotsman*, publiées ensuite en trois tomes. Drôles, pleins de personnalités et de rebondissements, ces textes vous donneront l'impression de rencontrer des Édimbourgeois et, mieux, de partager leur voisinage.

À L'ÉCRAN...

- *Côté films* -

La Part des anges, Ken Loach (2012)
Une comédie dramatique qui démarre à Glasgow et qui emmène le spectateur sur les pas de Robbie, un jeune délinquant initié au monde du whisky par son éducateur. On rit, on s'émeut, on s'attache à des personnages fins et justes qui en apprennent beaucoup sur eux-mêmes et sur leur pays. En utilisant les armes de l'humour, Ken Loach soulève des problématiques sociales lourdes en Écosse (chômage, drogues...) mais nous insuffle surtout beaucoup d'espoir.

Trainspotting, Danny Boyle (1996)
Adapté du roman éponyme d'Irvine Welsh, paru en 1993, *Trainspotting* est un portrait dru et acide de la jeunesse écossaise de la fin des années 1980, confrontée au chômage, à la pauvreté et

à l'addiction. À l'écran, Ewan McGregor et ses camarades nous donnent une leçon de vie et nous posent une question compliquée : peut-on vraiment se sortir de l'addiction ?

Breaking the Waves, Lars von Trier (1996)
Au cœur d'une société profondément religieuse et rigoriste dans le nord de l'Écosse, dans les années 1970, Bess est une jeune femme ingénue et pleine d'émotion qui tombe profondément amoureuse d'un Norvégien, Jan, qui travaille sur les plateformes pétrolières. Peu après leur mariage, Jan se retrouve paralysé et Bess croit répondre à une volonté divine et aider son mari en se prostituant, faisant voler en éclats sa famille.

L'Illusionniste, Sylvain Chomet (2010)
Ce très beau film d'animation a été réalisé à partir d'un scénario écrit par Jacques Tati. Il raconte l'histoire d'un illusionniste qui peine de plus en plus à trouver du travail à Paris, où l'ère du music-hall est sur la fin, et qui part pour l'Écosse, en passant par Édimbourg. Un joli moment de poésie !

- Côté séries -

Shetland

Cette série policière, inspirée des romans d'Ann Cleeves, se déroule dans l'archipel des Shetland, où le commissaire Jimmy Perez, un peu ravagé par la vie, s'attelle à résoudre plusieurs meurtres, avec sa collègue Tosh. Autour d'eux, une série de personnages attachants et mystérieux ne leur facilitent pas tous la tâche. Si vous aimez les séries à ambiance, jetez-vous dessus.

Outlander

Impossible de ne pas mentionner à nouveau *Outlander*, la série qui a fait exploser les visites dans de nombreux lieux historiques en Écosse, comme le château de Blackness ou le champ de bataille de Culloden. Suivez Claire et Jamie à travers les époques et les Highlands...

Still Game

Une sitcom chaudement recommandée si vous voulez plonger au cœur de l'humour écossais. Ces épisodes courts et cocasses dépeignent le quotidien de Jack et Victor, deux retraités, voisins et meilleurs amis, qui vivent dans un HLM à Glasgow. Leurs chamailleries, leurs virées au pub et leurs questionnements sur la vie font le sel de cette série écossaise culte. Sous-titres recommandés quel que soit votre niveau d'anglais.

Scot Squad

Cette série hilarante, filmée à la manière d'un documentaire, suit les policiers d'une division de police lors de leurs missions. On s'attache rapidement aux personnages, qui partagent leurs émotions avec sincérité. On vous recommande cette série si vous voulez parfaire votre accent écossais !

BIBLIOGRAPHIE
par ordre thématique puis chronologique

Ouvrages historiques et littéraires

Voyage en Angleterre, en Écosse et aux îles Hébrides, ayant pour objet les sciences, les arts, l'histoire naturelle et les mœurs, Barthélemy Faujas de Saint-Fond, H. J. Jansen, 1797

The Scots Kitchen, Its Traditions and Recipes, F. Marian McNeill, Blackie & Sons, 1929

Scottish Cookery, Catherine Brown, Richard Drew Publishing, 1985

A Year in a Scots Kitchen, Catherine Brown, Neil Wilson Publishing, 1996

A Scottish Feast, an Anthology of Food and Eating, Hamish Whyte et Catherine Brown, Argyll Publishing, 1996

A Caledonian Feast, Annette Hope, Canongate Books, 2002

Classic Scots Cookery, Catherine Brown, Neil Wilson Publishing, 2004

Food of the Scots, Alexander Fenton, John Donald Publishers, 2007

From Petticoats Tails to Arbroath Smokies, Traditional Foods of Scotland, Laura Mason and Catherine Brown, Harper Press, 2007

Broths to Bannocks, Cooking in Scotland - 1690 to the Present Day, Catherine Brown, Waverley Books, 2010

Livres de recettes généraux

The Cook and Housewife Manual, Margaret Dods, 1826

The Feill Cookery Book, An Comunn Gaidhealach (The Highland Association), M'Naughtan & Sinclair, 1907

Ena Baxter's Scottish Cookbook, Ena Baxter, Johnston & Bacon Books, 1974

Traditional Scottish Cookery, Theodora Fitzgibbon, Lomond Books, 1980

A Feast of Scotland, Janet Warren, Lomond Books, 1990

Scotland, the Best of Scottish Food & Drink, Claire Macdonald, Little, Brown & Company, 1990

Scots Cooking, the Best Traditional and Contemporary Scottish Recipes, Sue Lawrence, Headline, 2000

Livres régionaux ou thématiques

Hand to Mouth, the Traditional Food of the Scottish Islands, Jane Cheape, Acair, 2002

Scottish Seafood, its History and Cooking, Catherine Brown, Birlinn, 2011

Scottish Baking, Sue Lawrence, Birlinn, 2014

The Scottish Soup Bible, Sue Lawrence, Birlinn, 2017

A Taste of Scotland's Islands, Sue Lawrence, Birlinn, 2019

The Scottish Wild Food Bible, Claire Macdonald, Birlinn, 2020

The Seafood Shack, Food & Tales From Ullapool, Kirsty Scobie and Fenella Renwick, Kitchen Press, 2020

Boissons

Gin Galore, a Journey to the Source of Scotland's Gin, Sean Murphy, Black & White, 2018

The Pocket Guide to Beer, Joe Dick and Nikki Welch, Birlinn, 2018

Les 365 lois de l'amateur de whisky, Christine Lambert, Dunod, 2021

5

Index des pages thématiques

Index des recettes

Recettes de base

Pains

Poissons & crustacés

Viandes

Légumes

Scones, biscuits & desserts

À propos des autrices

Aurélie Bellacicco

Aurélie est une photographe culinaire pétrie de voyages autour du monde. Elle travaille pour des producteurs, des marques et des restaurants qui lui confient le soin de présenter leurs produits sous leur meilleur jour.
Dans une autre vie, elle a étudié la biologie et la paléontologie à l'université Pierre-et-Marie-Curie et au Muséum national d'histoire naturelle de Paris. Avant de s'installer en Écosse, Aurélie a vécu plusieurs années au Québec, où elle s'est formée à la photographie au Collège Dawson de Montréal.

Depuis son arrivée en Écosse, Aurélie s'est imprégnée de la culture culinaire locale pour en faire ressortir le meilleur. Passionnée par les produits simples et frais de l'Écosse, elle les a travaillés sous toutes leurs formes tout en feuilletant des livres de recettes d'il y a quelques siècles. Elle s'est chargée de la conception des recettes ainsi que de la photographie de cet ouvrage.

www.aureliebellacicco.com

Sarah Lachhab

Ancienne journaliste, Sarah ne s'explique toujours pas son coup de foudre ravageur pour l'Écosse, qui l'a poussée à y poser son sac à dos en 2015.
Elle lance alors French Kilt, une ressource francophone utile à toutes celles et ceux qui souhaitent découvrir le pays. Elle ne s'y attendait pas, mais French Kilt lui a ouvert plusieurs portes. Elle est devenue guide, et accompagne les voyageurs quelques heures dans Édimbourg, ou plusieurs jours dans toute l'Écosse. Autrice de plusieurs guides de voyage, elle passe le plus clair de son temps à se promener dans tout le pays.

Lors de la conception de cet ouvrage, Sarah a plongé dans les livres pour y puiser quelques histoires et anecdotes sur les recettes sublimées par Aurélie. Elle a également tendu le micro à de nombreux professionnels de la culture culinaire en Écosse, pour offrir un instantané du garde-manger écossais tel que nous le connaissons.

www.frenchkilt.com

Merci !

Les autrices remercient chaleureusement Laure Aline, Agathe Masson, Benjamin Heuzé ainsi que toute l'équipe des Éditions de La Martinière pour leur confiance et leurs conseils.

Elles tiennent aussi à adresser leurs remerciements aux nombreuses personnes qu'elles ont interviewées pour l'écriture de cet ouvrage et qui les ont conseillées : Gavin Hunter, Catherine Brown, Sue Lawrence, la famille Mellis, Joseph Dick, Christine Lambert, Gordon Nicolson, Mathilde Goubet, Jonathan Billot, Paul Malgrati, Kyle Jamieson, Alan McGuiggan...
Merci également à VisitScotland d'avoir mis à disposition plusieurs images utilisées dans ce livre.

Enfin, la gratitude des autrices va aux lecteurs qui, depuis l'annonce du lancement du projet en novembre 2019, n'ont cessé de les encourager, de les motiver, et de partager avec elles leur passion pour l'Écosse.
Ils ont joué un grand rôle dans cette aventure !

Remerciements d'Aurélie

Je voudrais remercier Boris, mon mari, qui m'a toujours soutenue malgré mes états d'âme, et qui a vaillamment testé, mangé, et approuvé toutes les recettes de ce livre. Un grand merci à ma petite sœur Julie et ses appels vidéo quotidiens. Le rapport journalier de « la grande saga des bêtises de Goofy le chat » a toujours été un de mes moments préférés de la journée.
Je veux chaleureusement remercier tous mes amis pour leur soutien, en particulier Agnès, Guiz, Manon et Sylvain pour leur enthousiasme et leurs remarques qui m'ont permis de m'améliorer. Je suis tellement contente que vous ayez accepté de participer à ce projet !
Durant la création de ce livre, j'ai souvent eu une pensée pour mes profs et amis du Collège Dawson. Ils m'ont donné la confiance et les compétences pour faire des photos réussies, même en plein cœur du sombre hiver écossais !
Pour finir, le plus important, toute ma gratitude à Sarah, ma binôme de choc. Grâce à son entrain et à son énergie, ce livre a pu voir le jour.

Remerciements de Sarah

Un merci profond et reconnaissant à tous ceux qui ont gravité autour de moi lors de la création de ce livre : mes parents, l'équipe du QG de Bartenheim, Camille, Marie, Audrey, Assa, Ruth... Votre confiance et votre calme m'ont donné des ailes.
Un remerciement plein d'amour à Calum, qui a suivi le projet depuis les premiers balbutiements et qui a été là dans les hauts comme dans les bas, ainsi qu'aux familles Shepheard et Haszeldine pour leurs avis et leurs souvenirs culinaires.
Et puis, elle le sait déjà, mais il me faut graver dans le marbre que travailler avec Aurélie à la fabrication de ce livre a été un plaisir tout particulier.
Un grand merci à elle pour sa confiance et sa force de travail fabuleuse.

Crédits photographiques

Toutes les photographies ont été réalisées
par Aurélie Bellacicco, à l'exception de :

- photographies cédées par VisitScotland : Paul Tomkins, Kenny Lam, Damian Shields, Luigi Di Pascale, Northlink Ferries, PRImaging (pages 57, 58, 59, 64, 65, 160, 162, 163 et 171) ;
- photos Rose + Julien LTD (page 137 et 138).

Département éditorial Art de vie
Directrice éditoriale : Laure Aline
Éditrice : Agathe Masson
Fabrication : Carine Ruault

Conception et réalisation graphique
Justeciel

Correction
Christine Cameau

Connectez-vous sur www.editionsdelamartiniere.fr

ISBN : 978-2-7324-9944-4

Photogravure : Studio4C
Achevé d'imprimer en décembre 2021
sur les presses de Printer Portuguesa
Dépôt légal : janvier 2022
Imprimé au Portugal